TRES PASOS EN FALSO

BELGIQUE
Librairie Marcel DIDIER
14, rue des Comédiens
BRUXELLES 1000

BRAZIL
AO LIVRO TECNICO
Av. Presidente Vargas 962
6º Andar
RIO DE JANEIRO

**BUNDESREPUBLIK
DEUSTSCHLAND**
Verlag HUEBER-DIDIER
D 6200 WIESBADEN 1
Friedenstrasse 7

CANADA
Librairie Marcel DIDIER
1442, Avenue McGill College
MONTRÉAL 110 P. Q.

COLOMBIA
Librería FRANCESA
Calle 18 n.º 7-28
Apartado Aéreo 74-45
BOGOTA 1

COTE-D'IVOIRE
CEDA
Immeuble des Soixante-Logements
Place Aristide-Briand
B. P. 4541
ABIDJAN-PLATEAU

DANMARK
AUDIO-VISUELT CENTRUM
A-S Hejrevej 3
2400 COPENHAGUE N.V.

EIRE
SCIENTIFIC TEACHING AIDS
4, Henry Place
DUBLIN 1

ENGLAND
George G. HARRAP & Co
HARRAP-DIDIER Division
182, High Holborn
LONDON WC 1

ESPAÑA
Editorial ROSAS
General Perón, 8
MADRID - 20

FRANCE
Librairie Marcel DIDIER
15 rue Cujas
75005 JARIS (FRANCE)

ITALIA
Libreria LE MONNIER
Via Scipione Ammirato 100
50 136 - FIRENZE

LIBAN
SORED
2, rue Mar Maroun
B. P. 3576
BEYROUTH

NEDERLAND
UITGEVERIJ DIDIER NEEDER-
LAND B.V.
Vincent van Goghstraat 1-3
AMSTERDAM - Z

PORTUGAL
Livraria BERTRAND
Rua João de Deus
Venda Nova - Apartado 37
AMADORA

SUISSE
FOMA Suisse
Case Postale
CH 1002 - LAUSANNE

TÜRKIYE
HITIT KITABEVI
Ziya Gökalp Caddesi
Bayindir Sokak nº 27/1
YENISEHIR ANKARA

U.S.A.
RAND Mc.NALLY & COMPANY
P.O. Box 7600
CHICAGO. ILLINOIS 60680

COLECCIÓN
LECTURAS EN ESPAÑOL FUNDAMENTAL

Dirigida por
A. J. Rojo Sastre y P. Rivenc

❧ E. Jarnés Bergua. Septiembre, 1970
EDITORIAL ROSAS, S. A.
Avda. Gral. Perón, 8. Madrid - 20
☎ 253 36 18-458 64 79
ISBN 84-7206-013-6
Depósito legal: M. 27.598 - 1973
Cubierta: M. Tumbusch
Dibujos: A. Zarco
Impreso en los Talleres Gráficos de Ediciones Castilla, S. A.
Maestro Alonso, 21. Madrid - 28
Printed in Spain

E. JARNÉS BERGUA

TRES PASOS
EN FALSO

EDITORIAL ROSAS, S. A.

NOTA DEL AUTOR

Esto que le ofrezco, mi querido amigo de cualquier parte del mundo, no es una obra de arte. Sólo es un ejercicio para estudiantes de español. Una lectura construida únicamente para que usted pueda recordar las frases y las palabras que ya conoce.

Y, también, un medio para ofrecerme a usted, donde esté y donde lea esta historia. Un medio para hacerle llegar la simpatía que siento por su deseo de aprender la lengua española.

Suyo, con mis mejores deseos,

E. Jarnés Bergua

I

Estos dos jóvenes parecen muy preocupados. O quizá tienen miedo. Es lo primero que pienso al verles en la salita de mi amigo Pablo Ruiz. He venido a su casa porque me ha llamado él. Hemos convenido la hora, por teléfono, esta mañana.

Soy *comisario** de policía. Pablo Ruiz es médico *psiquiatra*. Nos conocimos de niños. Estudiábamos en el mismo colegio. Aunque luego hemos seguido profesiones distintas, nos hemos visto muchas veces y nos hemos hecho algunos *favores*. Por eso, cuando me ha llamado a mi oficina y me ha pedido ayuda en un asunto suyo particular, pero relacionado con mi trabajo, ni un momento he dudado en asegurarle que vendría.

Es la hora señalada para la entrevista. Pablo me ha recibido dándome las gracias, y me ha hecho pasar. En el recibidor, sentados, esperándome, veo a los dos jóvenes. El es fuerte y alto. Y debe de ser simpático, aunque ahora, sin duda como consecuencia de alguna preocupación —¿o del miedo que siente?— tiene un aspecto muy serio. Ella también. ¿Por qué? ¿De verdad tienen miedo? ¿Por qué? ¿Porque soy un policía?

* Las palabras que aparecen en cursiva están explicadas al final del libro.

11

Pero sus caras no son de personas que hubieran hecho algo malo. Al contrario. Y me miran como esperando que pueda yo ayudarles. El se pone en pie lentamente, mientras Pablo nos presenta:

—Julio Marín, arquitecto... La señorita es Laura Boch... Mi buen amigo Marcos Alcázar, comisario de policía.

Ellos ya deben de saber que soy policía. El joven dobla un poco su cuerpo e inclina la cabeza. Laura intenta una *sonrisa* que apenas florece en sus labios. Es una mujercita encantadora, de unos veinte años quizá no cumplidos aún, con bonitos y grandes ojos de dulce mirar.

Nos sentamos en las cómodas butacas de la salita. Pablo nos ofrece vasos con bebidas, y reparte *cigarrillos*. Habla con amabilidad, procurando que nazca una relación amistosa entre los dos jóvenes y yo. Al fin da por supuesto que ya está preparado el ambiente para comenzar. Me dice:

—Laura y Julio se quieren, son novios y desean casarse pronto.

—Les deseo suerte —sonrío—. Que sean *felices*.

—No resulta fácil ser feliz cuando se tiene un problema grave —dice Laura, bajando la mirada.

Se anima mi amigo, al ver que Laura ya desea tomar parte en la explicación. Era esto lo que había querido él conseguir. Yo comprendo que debo animar el diálogo. Por eso pregunto, con alegre sonrisa:

—Ese problema... ¿no será el de "Romeo y Julieta'? ¿Es que sus familias no están de acuerdo en esa boda?

—Yo no tengo familia —explica el joven arquitecto—. Hube de trabajar en varios empleos para pagar mis estudios. Mis padres murieron hace muchos años, y me quedé solo.

—También murieron mis padres —sigue Laura—. Pero sí tengo familia: Tío Serafín, que me recogió cuando yo, siendo pequeña, perdí a mis padres en un *accidente*. Y la mujer de tío Serafín...

—Espere —respondo yo—. ¿No llama usted tía a la mujer de su tío?

—Bueno... —duda Laura—. Carmen es la segunda mujer de mi tío Serafín. Se casaron hace dos años. María, la primera, también murió en un accidente.

—Ya... —digo, creyendo que comienzo a entender—. Siga. ¿Tiene más familia?

—Sí. Otro hermano de mi padre: Tío Víctor. Pero todos están de acuerdo en que me case con Julio. Todos se alegran, nos quieren mucho y piensan que seremos felices.

—¿También ustedes lo creen? —pregunto.

— ¡Claro que sí! —dice Laura—. ¡Yo estoy completamente segura!

—Y yo no estoy menos seguro —confiesa Julio, *agradeciendo* las frases de Laura.

Procuro seguir animando el diálogo. Hago como que dudo.

—Bueno... Si el problema es otro, si me han llamado a esta reunión... A mí. A un policía... Empiezo a pensar que su problema sea un *crimen* —y sonrío, antes de preguntar—: ¿A quién han *asesinado*?

—Ya sé lo que supones, mi querido comisario —ríe Pablo—. Has oído que el padre de Laura murió en un accidente. Y que la primera mujer del tío de Laura murió en otro accidente... Crees que te hemos llamado porque pensamos que fueron asesinados. Pues aún han ocurrido más desgracias en la familia de Laura. Pero no estamos hablando de crímenes, amigo mío. Fíjate bien: He dicho *desgracias*. Y por eso, primero vinieron a mí. A un psiquiatra.

—Algunos asesinos necesitan psiquiatra.

—No hay asesinos en este caso. El problema de Laura no es miedo de que hayan sido crímenes las desgracias de su familia. Ni que haya peligro de que se produzca un crimen.

—Entonces no lo entiendo. ¿De qué tienen miedo?

Pablo miró a los dos jóvenes. Esperaba que hablasen ellos. Y lo hace Julio, después de dudar un poco, bajando la cabeza:

—Creemos que alguien quiere matarse.

—¿Quién? —pregunto.

—Mi tío Serafín —dice Laura—. Ha llegado a estar completamente seguro de que causa la desgracia y la mala suerte de quienes le tratan, sobre todo de quienes viven a su alrededor. Más aún, cree que causa la muerte de las personas que más quiere. Por eso desea matarse.

—Bueno... —digo yo, pensativo—. Supongo que tal idea le habrá nacido porque su hermano y su mujer murieron en accidentes. Pero un hombre normal no puede llegar a creerse *culpable* de lo que pasa cerca de sí. Esto es asunto tuyo, Pablo. Eres médico psiquiatra y podrás hacerle comprender que dos desgracias como ésas en la familia...

—Tres —dice Laura—. Mi primo Raúl, el único hijo de mi tío Serafín, ha muerto hace un mes. Tenía veinticinco años. Otro accidente.

Suspiro y pienso. Me miran, silenciosos. No comprendo qué quieren de mí, si no creen que todas las desgracias son crímenes. Se dan cuenta de lo que supongo, y los dos jóvenes bajan las cabezas. Mi amigo Pablo me mira, medio cerrando los ojos, esperando mis palabras. Digo, por fin:

—¿Su tío Serafín es rico, señorita Laura?

—Sí. Mucho. Es dueño de una importante fábrica de productos químicos y *presidente* de una empresa que vende también esos productos y pinturas. Bueno... Era.

—¿Era? ¿Ya no es? —me intereso.

—Deje que lo explique yo —dice Julio Marín, el joven arquitecto—. Don Serafín Boch sigue siendo el dueño de la fábrica y presidente de la empresa. Pero sólo de nombre. Como siempre había desgracias a su alrededor, los empleados de la fábrica y los *Miembros del Consejo de Aministración* de la empresa tenían miedo, y...

—¿Qué desgracias? —pregunto.

—En la fábrica —explica Laura—, el Jefe de Personal se mató con su coche; la secretaria murió en su dormitorio, porque se salió el *gas* durante la noche. En la empresa, cada vez que había reunión del Consejo de Administración, algo malo le pasaba después a uno de los miembros: Uno se mató también con su coche; otro resultó herido porque le cayó parte de un tejado; a otro le *robaron* mucho dinero en su casa... Y aún contaría más cosas de menor importancia.

Vuelvo a suspirar. Verdaderamente Sefarín Boch tiene motivos para estar preocupado consigo mismo. Y quienes viven a su alrededor tienen motivos para preocuparse también. Pero todo esto me resulta muy raro.

—Por eso los empleados no querían ir a la fábrica y los miembros del Consejo de Aministración no querían reunirse con don Serafín como presidente —dice Julio—. Todos conocían su vida causando siempre desgracias. Así que don Víctor Boch, el hermano de don Serafín, tomó la Dirección de la fábrica y la Presidencia de la empresa, en nombre de don Serafín.

—¿Por qué él?

—Porque don Serafín quiso. Ya don Víctor trabajaba en la fábrica y era miembro del Consejo de la empresa. De este modo las dos cosas han continuado bien, sin que haya habido nuevas desgracias.

Después de pensar durante casi un minuto, pregunto:

—¿Quién es el *heredero* de su tío, señorita?

Ella duda un momento, y luego dice:

—Antes de morir, el heredero era mi primo Raúl.

—¿Quién lo sabía?

—Todos.

—¿Era el único heredero?

—No. También Carmen, la mujer de mi tío, una parte. Mucho menos que Raúl.

—¿Usted no?

—Yo... —se sonroja Laura—. Yo también. Algo... Un poco.

—No lo necesita —corta Julio, de prisa—, puesto que nos vamos a casar.

—¿Usted gana mucho dinero? —le pregunto.

—No. ¡Pero lo ganaré!

—Bueno, bueno. Tranquilícese —le digo—. No lo

17

dudo. ¿Y quién es el heredero ahora, señorita Laura?

—No lo sé... Carmen, supongo. Y yo, en la misma parte que antes.

—¿Su tío Víctor, no?

—El ya es rico también. Además recibirá beneficios por dirigir la fábrica y presidir la empresa.

Permanezco silencioso un largo rato, bajo las miradas de todos. Pregunto luego:

—¿De verdad creen que ninguno de esos accidentes fue un crimen?

—¿Por qué había de asesinar tío Serafín a tantas personas? ¿A sus empleados? ¿A su mujer? ¿A los miembros del Consejo? ¿A su hijo? ¿A su padre? Porque también murió su padre en un accidente, aunque hace ya muchos años.

—Pero no digo que los asesinara él. Pudo ser otro el culpable.

—¿Para qué? —dice Julio—. Oiga, señor Alcázar. Usted, como policía, duda y piensa mal de todo. Pero el tío de Laura vivió siempre con desgracias alrededor. Muertes, accidentes, robos, Desgracias graves y pequeñas. De importancia o no, pero desgracias. ¿Piensa que las causó él mismo, de propia intención?

—Claro que no —suspiro.

—¿Y piensa que pudo haber otra persona, siempre cerca de él, que fuera el culpable de tantas *tragedias*?

—¿Hay una persona que vivió cerca de don Serafín? —pregunto, como si no lo supiese ya.

—Sí. Su hermano don Víctor —dice Julio—. Pero

no pensará que mató a su padre. Ni que fue causante de tantas y tantas cosas desgraciadas.

—No. Claro que no —digo otra vez.

—Si duda de mí —sigue Julio—, sepa que sólo conozco a esta familia desde hace año y medio. Ya pasaban estas cosas antes de que Laura naciera. Y doña Carmen Sanz se casó con don Serafín hace sólo dos años, cuando ya él no dirigía la fábrica ni presidía la empresa. Y además, ¿por qué hablar de los herederos? Son ellos y otros los que mueren. No el tío de Laura. Y no tememos que lo maten, sino que se mate.

—Bien —decido—. Supongamos que todo ha sido simplemente la mala suerte que nace al paso de don Serafín Boch. Entonces, ¿qué me piden como policía?

—Cuidar a mi tío —pide Laura.

—¿Poniendo guardias que le tengan a la vista? Eso no puedo hacerlo.

Una vez más bajan las cabezas. Laura suspira:

—Pues tío Serafín se quitará la vida. No podrá seguir viviendo con la idea de que, por su culpa, mueren las personas que más quiere y que están cerca de él. Por eso me hará salir de su casa. Dice que es por mi bien. Desea que vaya a vivir con tío Víctor.

—Pero no es un hombre agradable don Víctor —explica Julio—. Es duro y seco. Demasiado. Para que no tenga que vivir con él, voy a casarme con Laura en seguida.

Me vuelvo hacia mi amigo Pablo Ruiz, el médico psiquiatra, que ha estado silencioso mientras hablábamos, y le pregunto:

—¿Qué esperaban que pudiese hacer yo en este caso?

—No sé... —duda Pablo—. Mi ciencia no sirve con ese hombre que desea matarse. Pensé que tú podrías ayudar de un modo profesional, aunque fuera particularmente.

—¿Le has visto? ¿Has hablado con él?

—Sí. No he podido hacerle ver que no es culpable de nada. Se ha pasado toda una vida creyendo que produce mal a quien le mira. Está perdido.

—¿Te ha dicho él que piensa matarse?

—No. Pero se lo ha dicho a su mujer. Y basta verle para comprender que hay peligro de que lo haga.

Después de pensar un rato y de encender otro cigarrillo, dije a los jóvenes:

—De momento, la única idea que tengo es pedir a toda la familia que se una para animar a su tío, señorita Laura.

—Ya queremos animarle, señor Alcázar. Pero no permite que nos acerquemos a él ni su hermano ni yo. Y pronto hará que su mujer se vaya también de la casa y se aparte de su vida. Tiene miedo de que pueda pasarnos algo terrible. Ponga usted algún policía cerca, señor Alcázar.

—Eso no me está permitido, amigos míos. Déjenme pensar tranquilamente. Hablaré con su tío. Haré lo que pueda.

—Doña Carmen se lo agradecerá. Ella nos ha enviado para que le pidiéramos su ayuda. Día y noche *vigila* a su marido. Por eso no ha venido. Pero necesita descansar.

Se levanta Julio. Después Laura. El joven me dice:

—Estamos seguros de que entre el doctor y usted encontrarán un modo de ayudarnos. Le quedamos muy agradecidos.

Se marchan. Ellos hubieran querido que yo les ofreciera todos los policías de Madrid para vigilar a Serafín Boch. No se van contentos. Tampoco lo está Pablo Ruiz cuando vuelve de llevarles hasta la puerta. Y tampoco lo estoy yo.

No lo estoy. En pie, junto a la ventana, miro a la calle donde los coches pasan como agua de un río. En este barrio de Chamberí, tan antiguo y tan nuevo, cada día están más llenas las calles. Mi amigo vive en la de Luchana.

Por cierto, Pablo Ruiz debía cuidar su casa un poco más. Parece que estas paredes no han sido pintadas en varios años. Y no tienen muy buen aspecto estos muebles. Pienso que sería conveniente que se casara. Pero está *enamorado* de su profesión y no le queda tiempo de buscar una novia. Recuerdo que eso fue lo que me dijo la última vez que le vi, hace ya... ¿Cuántos? No estoy seguro. Más de un año. Cuando hicimos juntos un reportaje sobre Psiquiatría criminal.

Es verdad que también yo estoy enamorado de mi profesión. Pero, si continúo soltero, es porque me gusta mucho la libertad, no porque no tenga tiempo de conocer bonitas y agradables mujeres. Claro que Pablo vivo con una gran *ilusión:* La de construir un gran sanatorio, con unas letras de *oro* en la puerta: ' SANATORIO DEL *DOCTOR* RUIZ — CLINICA PSIQUIATRICA''. Y para esto necesitará trabajar mucho y ganar mucho dinero.

II

Sé que Pablo ha entrado en la sala, pero yo continúo mirando por la ventana. El día se acaba. Las farolas se encienden ya en la calle. Quiero que sea Pablo el primero en hablar. Pero su silencio me hace suponer que prefiere lo contrario.

Me vuelvo hacia él. Está sentado en el brazo de una butaca, y tiene los ojos, muy serios, fijos en mí.

—¿Crees que de verdad hay hombres que causan la desgracia de quienes viven a su alrededor? —pregunto.

—Hay hombres malos que procuran el mal para los demás.

—¿Serafín Boch es malo?

—No. Es un hombre bueno.

—¿Cómo lo sabes?

—Soy psiquiatra. He estudiado bien el caso de Serafín Boch. Es un hombre bueno. No cabe duda.

—Bien. Otra vez pregunto: ¿Crees que de verdad hay hombres que, sin querer, causan la desgracia de los demás?

—Puede ser. Aunque no porque den mala suerte, sino porque de sus acciones resultan hechos desgraciados para otros. Este no es el caso de Serafín Boch. Los males que se producen a su alrededor no son consecuencias de lo que él haga o no haga.

—Entonces no piensas que él tuvo la culpa de que murieran esas personas.

—La policía no encontró culpables ni pensó que pudiese haberlos. Nadie tenía motivos. Fueron accidentes. Pero eso puedes saberlo tú mejor que yo, en vuestras oficinas. Yo sólo sé lo que me han contado el mismo Serafín Boch, su hermano y su sobrina.

—¿Por qué me has pedido ayuda en esto?

—Creí que podrías hacer algo para que Serafín Boch no se mate. Además, esa chica, Laura, me preguntó si yo conocía un policía que pudiera vigilar a su tío.

Le miro un momento, con los ojos medio cerrados, pensativo. Tengo una idea, pero no voy a preguntarle directamente si estoy en lo cierto. Sólo digo.

—Ha sido buena cosa que tú, un médico psiquiatra, tuvieras un amigo policía y aficionado a la Psiquiatría...

— ¡Aficionado no! —protesta y sonríe Pablo—. Tú has estudiado lo suficiente para ser un verdadero profesional. ¿Ya no recuerdas aquella vez, cuando nos hicieron un reportaje? Tú y yo hablamos sobre la Psiquiatría en el ambiente del crimen.

Sí lo recuerdo. Hace un momento estaba pensando en ello. Un reportaje para una revista de mucha venta. Pero no me interesa hablar de esto ahora. Necesito saber otras cosas. Pregunto:

—¿Por qué vino Serafín Boch precisamente a ti, cuando decidió visitar a un médico psiquiatra?

—El no lo decidió. Fueron su hermano, su mujer y su sobrina. Primero vinieron juntos Laura, Julio y Víctor a explicarme lo que pasaba. Estaban muy preocupados por Serafín Boch. Luego vino Laura con él. Parece que la mujer, Carmen, no tuvo dificultad en conseguir que su marido quisiera venir.

—¿Por qué vinieron a ti? ¿Te conocían?

—No.

—Entonces, ¿por qué a ti?

—No lo sé. Alguien les hablaría de mí. ¿Qué importa eso?

—Bueno... —dudo—. Tú eres psiquiatra profesional. Yo, simple aficionado. Pero además soy policía. Y tengo la costumbre de hacer muchas preguntas.

—Bien —sonríe Pablo, llenando de nuevo mi vaso y el suyo—. Sigue preguntando cuanto desees. Pero bebe un poco más.

—No te haré otras preguntas por ahora. Beberé y me iré. Tengo trabajo pendiente.

—¿Tan tarde?

—Los policías y los médicos no tenemos horas fijas para trabajar. De todos modos te aseguro que me interesaré por este asunto, ya que tanto te preocupa.

Bebo y me voy hacia la puerta. Pablo se levanta y viene conmigo hasta la entrada del piso. Me dice:

—Muchas gracias, Marcos. Pero quiero que sepas una cosa: No tengo un interés personal en esto. Sólo deseaba que mis clientes quedaran contentos. Si no hubiera sido por mi amistad contigo, no hubiese

E. Jarnés Bergua

llamado a ningún policía. Sé que no se puede pedir
ayuda policíaca en estos casos.

—¿Y ellos? Tus clientes, ¿lo saben?

—Supongo que no. ¿Por qué?

—Por nada. ¿Lo ves? La costumbre de hacer preguntas.

—¿Me permites a mí una? —dice, pensativo, Pablo.

—Claro que sí.

—¿Harás algo por Serafín Boch?

—¿De qué serviría vigilarle?

—De nada —suspira Pablo Ruiz—. Si quiere matarse, se matará, con vigilancia o sin ella.

—Entonces haré lo mismo que tú: Hablaré con él.

—¿Para qué?

—Para ver si efectivamente sus ideas son tan peli-
grosas como creéis las personas de su familia y tú.

Duda. Se diría que no aprueba mi decisión. Yo sé
bien lo que piensa. Por eso le exijo, sonriendo:

—Vamos. Dímelo. Dime que no te gusta que hable
con el señor Boch.

—Cierto. No me gusta. Cuando un hombre tiene la
idea fija de quitarse la vida, es malo hablarle de ello.
Sería tanto como empujarle a que lo haga. No conseguirás que abandone su idea, sino que, por el contrario, le inclinarás a decidirse.

—Lo sé muy bien. Y tú sabes que lo sé. Y cualquier persona, un poco enterada, lo sabe también.
Adiós, Pablo. No te preocupes.

Un minuto después salgo a la calle. La tempe-
ratura es muy agradable en estos primeros días de
Junio. Necesito pensar. Aquí, en esta zona de Madrid, hay demasiados coches, demasiada gente.

Camino despacio, cruzo la calle de Joaquín García Morato y sigo la de Eudarto Dato, que hace unos años tenía el bonito nombre de Paseo del Cisne y era tranquila y silenciosa, muy distinta de como es hoy con grades edificios modernos, motores y semáforos.

Busco un poco de silencio en el ancho Paseo de Recoletos, donde hay todavía sitio muy amplio para que los peatones puedan caminar bajo los árboles grandes, donde la luz es poca, donde los novios encuentran aún el ambiente acogedor en que pueden pasear, cogidos del brazo, y hallar momento para un corto y rápido beso.

Camino lentamente, respirando el aire templado y agradable. No llego hasta las terrazas del Café Teide y del Café Gijón, en que se reunen grupos de *artistas* y escritores. Muchos de ellos me conocen y me llamarían si me viesen. Deseo estar solo, para pensar.

Me preocupa ese desgraciado Serafín Boch. Quizá convendría ponerle una vigilancia. Pero no por los motivos que mi amigo Pablo Ruiz pudiera suponer. Sin embargo, no hay prisa. Si de verdad quiere matarse, ciertamente la vigilancia no serviría de nada. No es posible hacer que un policía esté junto a él, mirándole, sin apartarse un solo momento.

Y, si es lo que yo pienso, nada pasará esta noche. Nada pasará hasta que Serafín Boch tenga la vigilancia, si decido ponérsela.

Si es lo que pienso... ¡Bah! ¿Por qué ha de ser así?

De todos modos, si es lo que yo pienso, quizá convenga la vigilancia. Esto es lo que debo *meditar*... y decidir.

III

Víctor Boch me ha recibido en el despacho de la fábrica en la que es director porque su hermano Serafín hubo de abandonar los negocios.

Víctor es hombre poco simpático, muy poco agradable, duro y séco. He venido a visitarle por la mañana, después de pedirle por teléfono una entrevista que permitió en seguida, al saber que mis deseos eran saber qué opinaba sobre las preocupaciones de Laura.

Esta es una fábrica que funciona desde hace mucho tiempo, pero que fue reconstruída un par de años atrás. Su aspecto es ahora muy moderno. Y también este despacho de Director, con muebles muy cómodos y con amplias ventanas que dejan pasar un río de luz y de sol.

Sentado ante Víctor Boch, pienso en Serafín Boch, el hombre que ocupó antes este despacho y ese sillón para gobernar su propia fábrica, hasta que la desgracia le rindió. Todavía no conozco a Serafín. Procuro no hacer suposiciones sobre él. Prefiero ir haciéndome una idea de su personalidad, con los datos que vayan dándome los que le conocen.

—Supongo —me dice Víctor— que mi hermano estará ya vigilado por la policía. ¿No se lo pidió así el médico, señor comisario Alcázar?

—Más bien me lo pidió la señorita Laura —digo despacio—. Aunque al parecer, según explicó, es también el deseo de usted y de la mujer de su hermano.

—Sí. Es deseo de los tres. De Carmen, de Laura y mío.

—En tal caso, ¿por qué no fueron ustedes directamente a la policía?

—Sabíamos que la policía no puede atender estos asuntos, simplemente porque una familia suponga que uno de los suyos quiera matarse. Hubiera sido inútil pedir vigilancia para mi hermano. Sin embargo, pensamos que quizá, si el médico psiquiatra lo pedía... En fin... Ya veo que estábamos en lo cierto. Usted, Comisario de Policía, se interesa por ello.

—Pero no he puesto vigilancia cerca de su hermano —digo, aunque no es verdad.

No. No es verdad, porque, desde esta mañana, un policía procura, sin dejarse ver, lo mejor que puede, vigilar a Serafín Boch. Lo decidí anoche, bajo los árboles del Paseo de Recoletos. Aunque procuraré que no lo sepan ni Serafín ni las personas de su familia. Esto es lo mejor, si mis preocupaciones son ciertas.

—¿No? —la cara de Víctor Boch se hace más agria—. ¿Y por qué no?

—Tal vez más tarde..., cuando esté seguro de que su hermano quiere quitarse la vida.

—¿Y, si se mata, mientras tanto?

—Eso es posible, naturalmente, pero debo cumplir mis deberes. Lo siento.

—Bien —me dice Víctor, secamente—. Entonces, ¿qué ha venido a decirme?

—He venido a preguntarle. Si usted me lo permite.

—Tengo poco tiempo. ¿Qué quiere preguntarme?

—¿Usted cree que lleva la mala suerte a quienes le conocen?

—Bueno... —duda Víctor—. Yo no creo en esas cosas, pero con Serafín habría que creerlas. Desde chico va la desgracia a su lado. No desgracia para él, sino para los demás.

—Explíqueme usted eso, por *favor*.

—Vivíamos en un pueblo. Mi padre era sastre. Pronto, los otros niños empezaron a decir que mi hermano Serafín daba mala suerte. Yo lo defendía y aseguraba que no era cierto, pero debo confesar que parecía verdad lo que decían los otros chicos. Me pegué con algunos y procuré siempre, entonces, luego y ahora, que mi hermano Serafín no se creyera culpable de lo que les pasaba a quienes le conocían. Además, yo le hacía ver que no todos, sino sólo algunos de los conocidos tenían desgracias o enfermedades graves o perdían su dinero o se caía su casa...

— ¡Dios mío! ¿Todas esas cosas pasaban?

—De vez en cuando, como en todos los pueblos del mundo. También le hacía ver esto a mi hermano. Y que no sólo eran conocidos suyos, sino míos y de todos. Pero el pueblo entero llegó a decir que Serafín era el culpable de cada desgracia. Incluso de los más pequeños accidentes. Por ejemplo, que muriera una gallina, que hubiera una tormenta... Por fin, el mismo Serafín se creyó culpable. Más aún, cuando murió nuestro padre.

—¿Qué pasó con la muerte del padre de ustedes?

—Fue terrible para Serafín. Nuestro padre no sólo era sastre, sino también dueño de unas tierras. Unos años en que hubo muy buena cosecha, mi padre compró un precioso caballo de montar a un labrador de un pueblo vecino. Mi hermano trajo el caballo a nuestra casa. Vino montado en el animal que era muy tranquilo. Pero, cuando mi padre montó para probarlo, el caballo saltó, mi padre cayó y se rompió la cabeza. Murió en seguida. Para Serafín, aquello era la seguridad de que llevaba consigo la desgracia.

—¿Cuántos años tenía su hermano entonces?

—Dieciocho. Yo, uno menos. Y nuestro hermano menor, Juan, el padre de Laura, tenía dieciseis.

—¿Cómo murió su hermano Juan?

—Accidente. Serafín se dedicó a comprar y vender coches. Le vendió uno a Juan. Y Juan se fue de viaje con su mujer. Laura quedó en el colegio. El coche en que viajaban sus padres, el que les había vendido Serafín, se salió de la carretera y... Los dos murieron.

Suspiro, medito, enciendo un cigarrillo. Es terrible cómo las cosas pueden juntarse para marcar la vida de un hombre, para inclinarle hacia la *locura*. Las cosas, los hechos... y las personas. Quizá Serafín nunca hubiera pensado que las desgracias eran culpa suya, si sus conocidos no se lo hubieran hecho notar. Muchas veces, los hombres, con unas palabras no meditadas, causan a otro un grave mal, sin saberlo.

¿Sin saberlo? Bueno... Alguna vez lo hacen sabiéndolo.

Víctor me mira, incómodo. Está esperando que termine de preguntar y me vaya. Yo necesito aún sus explicaciones. Se nota que le resulta difícil no tratarme según su mal carácter, pero lo hace. Se nota que desearía echarme de aquí, pero no me echa. Espera. ¿Por qué?

Me quedan algunas preguntas importantes. Continúo.

—¿Y la primera mujer de su hermano Serafín? ¿Cómo murió?

—¿Para qué quiere saberlo? —salta, casi gritando—. ¿Para qué todo eso?

—Ya se lo he dicho —hablo, tranquilo—. Para comprender si su hermano quiere matarse o no.

—¿Y le pondrá vigilancia por fin?

—¿Tiene mucho interés en ello?

— ¡Claro que tengo interés! ¿Por qué no había de tenerlo?

—Es que... —digo lentamente—. Bueno... Si su hermano muere, usted heredará la fábrica, y la empresa de ventas.

—¿Yo? ¡Pues claro que no! Heredaría Carmen, su actual mujer. Y algo, también, Laura. Yo no lo necesito. Tengo mi propio dinero.

—Parece que Serafín y usted han tenido suerte con los negocios. El otro hermano que murió, Juan, el padre de Laura, ¿no era rico?

—A la muerte de mi padre —dice Víctor, entre dientes—, Juan, Serafín y yo heredamos las tierras a partes iguales. De pronto, en muy poco tiempo aumentaron de valor. Nuestro pueblo está en la Costa Brava, y aquellos terrenos estaban junto al mar. El turismo nos hizo ricos. Una empresa nos los

compró para construir hoteles. Yo me encargué del
negocio y saqué muchos millones por las tierras.

—¿Usted ya tenía entonces facilidad para hacer
buenos negocios?

—Siempre la tuve. Y Serafín para la industria. En
cambio Juan quería ser comerciante, pero no sabía.
Después de repartir entre los tres el producto de la
venta, yo moví mi dinero y lo he aumentado mucho;
Serafín creó su fábrica de pinturas y luego la empresa de ventas; pero Juan estaba completamente pobre
cuando murió. Por eso mi hermano Serafín recogió a
Laura en su casa.

—¿Por qué no la recogió usted?

—Yo no quiero cargas —responde secamente
Víctor—. Además yo tenía ya mujer y tres hijos.
También Serafín tenía un hijo, Raúl, pero a su
mujer le gustaba la niña. Y ahora creo que ya hemos
hablado bastante de la historia de la familia.

—No —sonreí—. Todavía no.

—¿Y si yo dijera que sí?

—Puede hacerlo. ¿Me echa?

Suspira, se mira las manos, mueve a los lados la
cabeza, y dice en voz baja:

—No lo comprendo, pero puede continuar haciéndome perder el tiempo.

—Entonces dígame cómo murió la primera mujer
de su hermano Serafín.

—Está bien... Se cayó por la escalera de su casa.
Entonces mi hermano vivía en un décimo piso. El se
había marchado una hora antes y estaba ya en este
despacho su mujer salió para ir de compras. El servicio y los vecinos oyeron un terrible grito. Salieron
a la escalera... Parece que ella creyó entrar en el

ascensor para bajar, pero el ascensor estaba abajo. Una desgracia. No es la primera vez que sucede algo así.

—Cierto. ¿Y cómo murió Raúl, el hijo de Serafín?

Esta vez me mira como si quisiera asesinarme. Se levanta y se vuelve hacia la ventana, para *contestar* de un modo seco y desagradable:

—¿Qué quiere? ¿Hacerme pasar un mal rato? Raúl era para mí como un hijo más... Me duele mucho recordar su muerte. Fue sólo hace un mes. Raúl había salido en coche, a cazar. Lo encontramos muerto, entre unos árboles, con un cuchillo clavado en la espalda. Le habían matado para robarle.

—¡Entonces, en este caso sí hubo crimen! —digo, interesado—. Me dijo Laura que también había sido accidente.

-Bueno... —dice Víctor volviéndose para mirarme fijamente—; A usted hay que confesarle la verdad. puede saberla con sólo leer lo que del caso guarda escrito la policía. Pero el médico nos dio la orden de que dijéramos a Serafín que había sido accidente.

—¿Por qué?

Sí es raro esto. El asesinato y el robo eran un cambio en la serie de desgracias por las cuales Serafín se creía culpable. Decirle que la muerte de su hijo Raúl había sido también accidente parece tanto como aumentar su locura y su deseo de matarse. Así se lo explico a Víctor, y él se sienta de nuevo para contestarme, lentamente:

—El cuchillo con que asesinaron a Raúl era suyo. Un cuchillo de monte, para excursiones al campo. Y se lo había regalado Serafín. ¿Comprende ahora?

Medito. Sí... Comprendo un poco: Serafín hubiera pensado que su cuchillo, el que había regalado él a Raúl, había sido como la mano del padre asesinando al hijo... Algo así, en la ya enferma cabeza de Serafín. Pero, de todos modos, podían haber dicho a Serafín casi la verdad. Hubiera sido bastante hablarle de otro cuchillo...

—¿Quién era el médico que dispuso cambiar la verdad para su hermano Serafín?

—El psiquiatra. Don Pablo Ruiz.

Tengo que tratar este punto con Pablo. Ahora me interesa otro asunto.

—¿Salía Raúl muchas veces a cazar? —pregunto.

—Casi todos los domingos.

—¿Siempre iba al mismo sitio?

—Casi siempre.

—¿Solo?

—Casi siempre solo. Aquel día sí.

—¿No quiso matarse su hermano al saber la desgracia de su hijo?

—Creo que, si no hubiera estado ya vigilado por el psiquiatra desde unos días atrás, se hubiera quitado la vida entonces. Pero llamamos al médico antes de decir a Serafín lo que había pasado. Le recetó una inyección para que durmiera tranquilo, y aun así estuvo muchas horas en una especie de locura, con mucha fiebre.

Me levanto. Víctor suspira, expresando lo agradable que le resulta mi decisión de marcharme. Pero aún le hago una pregunta más:

—¿Dónde estaba usted cada vez que hubo una de esas "desgracias"?

El sonríe muy triste, y mueve a los lados la cabeza.

—No. comisario... —suspira—. No fueron asesinatos. Sólo en el caso de Raúl. Pero le contestarán a su pregunta los policías de cada caso. Todo estará escrito y guardado en las oficinas de ustedes.

—Le agradezco mucho sus explicaciones —digo.

—No me lo agradezca. Ni ha sido agradable ni por ayudarle. Sólo por fuerza. Y ahora... ¿Pondría vigilancia para mi hermano Serafín?

—No. Le confieso que no lo creo necesario —contesto faltando a la verdad, porque cada vez me parecía más necesaria esa vigilancia que ya he puesto.

—Entonces, ¡váyase a...!

No oigo las últimas palabras de Víctor porque ya he cerrado la puerta. Salgo de la fábrica y voy hacia mi coche que está entre otros muchos, de los empleados. Me paro a mirar el paisaje. Son campos sin cultivar, fuera de Madrid. Hay casas nuevas, construídas hace poco, en medio del campo, que pronto formarán un barrio. La ciudad se va haciendo más grande cada día.

Pongo en marcha mi coche, hacia Madrid. Hay muchas ideas en mi cabeza. Necesito meditar en algún lugar tranquilo, como anoche. Tengo que organizar mis pensamientos de policía. ¿Dónde?

Pero, además, quiero hablar con la mujer de Serafín, antes de hacerlo con él. Su mujer ha de ser la persona que le conozca mejor, aunque sólo haga dos años que se casó con Serafín Boch.

Es la hora de comer. Paso por delante de un bar, todavía fuera de la ciudad, donde unas letras grandes anuncian que se sirven comidas. Hay mesitas bajo un techo de plantas. El sitio es agradable. Paro el coche y me siento junto a una de las mesitas. Se acerca un camarero.

IV

Ha sido una buena comida, bien guisada, bien servida, cubiertos muy limpios. Mientras comía, he seguido pensando en Serafín Boch; en las desgracias que le hacen desear la muerte; en lo que me contaron ayer Laura, su novio Julio y mi amigo Pablo Ruiz; en lo que me había dicho Víctor Boch esta mañana...

Y me doy cuenta de que hay muchas cosas interesantes en todo ello. Cosas raras. Un policía siempre encuentra motivos de preocupación cuando mueren por accidente personas cercanas a un hombre muy rico. Sobre todo si esas personas son sus herederos. Más todavía si una de ellas murió porque le clavaron un cuchillo en la espalda.

Esta mañana he llamado por teléfono a Pablo Ruiz y le he pedido que me diera las direcciones de Víctor Boch —aunque a éste he preferido visitarle en la fábrica—, del joven arquitecto Julio Marín y de Serafín Boch. Así que ahora, para salir de algunas dudas, quiero hablar con Laura.

Hay un teléfono en este bar. Marco el número de Serafín. Contesta una voz de mujer. Me dice que Laura está terminando de comer. Digo que soy un amigo suyo y que necesito hablarle con urgencia. Doy un nombre cualquiera: Diego.

Espero un minuto. Por fin, la voz de Laura.

—¿Diego? ¿Qué quiere? ¿Quién es Diego?

—Soy el Comisario Marcos Alcázar. He de hablar con usted. ¿Puede oirla su tío?

—¡Ah! Recuerdo. No. El no puede oirme. Está sentado a la mesa, tomando el café. Me alegra mucho que me haya llamado usted. Hemos tenido una comida muy triste. Tío Serafín ha decidido que me vaya de casa. Tiene miedo de que me pase algo malo.

—¿Qué dice a eso su tía?

—¿Carmen? La pobrecita Carmen no hace más que llorar. No quiere que yo me vaya. Creo que también tiene un poco de miedo.

—¿Porqué puede pasarle algo a ella, si se queda sola con su marido?

—No —llora Laura—. Eso no la preocupa. Nunca abandonará a mi tío, pase lo que pase. Pero teme que si tengo yo la desgracia de otro accidente, tío Serafín crea también que es por su culpa. Sin embargo ella no quiere que me vaya.

—Pero... ¿qué hará usted? ¿Irse o no?

—Irme. En cuanto recoja mis cosas. Lo haré por tío Serafín. Si continúo en esta casa se pondrá enfermo de preocupación. Claro que lo siento por Carmen. Ahora será ella sola para cuidar a su marido. ¿Pondrá usted la vigilancia de policías?

—Es una pena, pero he preguntado a mis jefes y no me lo permiten, sin estar seguros de que hay un

verdadero peligro. Por eso me intereso en adquirir conocimiento sobre el caso. ¿Puedo hablar a solas con la mujer de su tío.

—Espere. Le diré que venga al teléfono.

— ¡No, no! Personalmente. ¿Cuándo y dónde podría verla?

—¿Sin que el tío Serafín lo sepa?

—Eso es.

—Llámeme luego a los "Apartamientos Quintana". Tío Serafín ha dispuesto allí un apartamiento para mí. Pediré a Carmen que me acompañe y podrá usted hablar con ella. Son ahora las dos y media... ¿Le parece bien a las cinco?

—Muy bien. ¿Y por qué no va usted a vivir con su tío Víctor?

—Sé que a tío Víctor no le gustaría. Y a mí tampoco. Tiene un carácter nada agradable.

—Le quedo muy agradecido, señorita Laura.

Ella también me expresa su agradecimiento, y nos *despedimos*. Dejo el teléfono y sonrío. Laura no se ha dado cuenta de que no le he dicho el motivo de mi llamada. Puede creer que es el deseo de hablar a solas con la mujer de Serafín, pero no es así.

No importa. Prefiero hacerle mi pregunta más tarde, en el apartamiento. Ahora debo atender otros asuntos en mi despacho. Tengo que sacar tiempo de mi trabajo oficial, para éste, particular. ¿O no es de tipo particular lo que hago sobre Serafín Boch? ¿Mi costumbre de ver crímenes en todo, me hace verlos también aquí, en este caso triste de un hombre a quien tantas desgracias cercanas le han llevado a la locura de querer quitarse la vida?

No sé. Mejor será que, por ahora, guarde para mí

solo mis pensamientos. No voy a decírselos ni a Pablo, para que no se ría de mí. Pago la cuenta de la comida y me voy a mi oficina. Son poco más de las tres cuando llego. Según el acuerdo dispuesto, el policía que vigila a Serafín me ha de llamar por teléfono a las cuatro, cuando se vaya a descansar, después de que un compañero haya tomado su puesto.

En las oficinas, el policía de servicio me dice que no hay nada nuevo. Pido que busquen todo lo que tengan sobre las muertes de la primera señora Boch, de Raúl y —aunque sea muy anterior— de Juan Boch, el padre de Laura.

Quiero también que pidan a Barcelona lo que allí sepa la policía sobre la muerte del padre de Serafín y Víctor, por caída de caballo, en aquel pueblo de la Costa Brava.

El secretario va escribiendo lo que deseo, y me mira *sorprendido* cuando además pido todo lo que tenga relación con las muertes y accidentes sufridos por personal de la fábrica y la empresa, desde que Víctor Boch comenzó a *intervenir* en tales negocios de Serafín. También, si hubo algo importante antes.

El secretario escribe y vuelve a mirarme, más sorprendido aún. El sabe que de todo esto resultará una montaña de papeles. Yo sonrío pero no le doy explicaciones. Sólo le mando que cumpla pronto la orden y que me dejen sobre la mesa lo que consigan encontrar.

Además quiero conocer también la vida de Carmen Sanz, la actual mujer de Serafín Boch. Y la de Julio Marín, el joven arquitecto, novio de Laura. Todo ello con mucho cuidado para que nadie se dé cuenta de que buscamos en el pasado de esas personas. Lo mismo ha de hacerse con cuanto he pedido.

El secretario se va de mi despacho, para ponerse a trabajar en seguida. Yo me quedo pensando si no estaré gastando mal, en nada útil, el dinero del Estado. Si alguien me preguntara por qué lo hago, no sabría qué contestar. O, si contestara confesando mis preocupaciones, no sabría explicar de dónde nacen éstas. Sólo podría decir que son cosas de viejo perro policía. Son ya muchos años de oficio y...

Bueno... Yo no soy precisamente viejo. Tengo poco más de los cuarenta. Pero el ser soltero me permite emplear mi tiempo en estas diversiones.

A las cuatro y cinco llama el policía que ha estado vigilando a Serafín Boch desde las ocho de la mañana. En realidad sería una vigilancia poco útil, si fuese para no permitir que Serafín intente quitarse la vida. Pero mis deseos tienen otros fines, de acuerdo con mis preocupaciones verdaderas. Así que oigo interesado las explicaciones que me da el vigilante:

—A las ocho y media, Serafín Boch ha salido de su casa. Pretendían acompañarle su mujer y Laura, o una de las dos, pero él no lo ha permitido. Por fin le han dejado ir solo, aunque luego su mujer le ha seguido de lejos, procurando que no le viera él. Yo he ido detrás...

—Procurando que no le vieran a usted ninguno de los dos, supongo...

—Sí, don Marcos. Eso. Y Serafín Boch ha ido a misa. Su mujer le vigilaba, desde un altar oscuro. Yo, detrás de una cortina, les veía a los dos. Ella parecía muy preocupada. El estuvo todo el tiempo arrodillado, rezando, muy religioso. Luego, sin que pasara nada, Serafín Boch ha vuelto a su casa. Ya sabe usted que es un hotelito, con jardín y piscina... Bueno, pues al poco rato, el buen hombre estaba sentado en el jardín, leyendo libros... Yo creo que eran libros religiosos. A veces se quedaba pensativo. Y otras miraba al cielo. He visto que, de cuando en cuando, su mujer o Laura le vigilaban desde una ventana o desde las plantas que cubren la terracita. Oiga, don Marcos: Si la familia le cuida tanto, ¿para qué le vigilamos nosotros?

—Siga contando.

—Es que yo tenía que mirar entre las rejas que cierran el jardín. Y, cuando le han llamado para comer, ha entrado en la casa y he dejado de verle. Su familia le cuida mejor que nosotros. Si no fuera por eso, podría matarse y ni siquiera sabríamos que lo intentaba. Además...

—Eso a usted no le importa. Cumpla las órdenes y no se preocupe por los motivos. ¿Ha ido alguien a ver a Serafín Boch?

—No. Bueno... Ha ido un joven, pero no ha hablado con el señor Boch, sino con la señorita Laura. Pero digo que, además...

—Ya sé quién es el joven. Fuerte y alto, con aspecto deportivo...

—Sí. Ese. Pero, además yo diría...

—Se llama Julio Marín. Bien. Sigan vigilando.

—¿No me deja decir lo que pienso además?

—¡Oh, sí! —río—. Además, ¿qué?

—Pues que ese Serafín Boch reza mucho, es muy religioso, pero está muy tranquilo. Yo aseguraría que no piensa en quitarse la vida.

—Es una opinión. Yo también tengo las mías. Buenas tardes y hasta pronto.

Sí. Dejo el teléfono, y medito. Sí, sí. Yo también tengo mis opiniones, no precisamente sobre lo que quiere o no hacer Serafín. Ni siquiera conozco a Serafín todavía. Pero me voy haciendo una idea, según lo que de él me van diciendo los demás. Y la opinión del policía que acaba de hablarme es muy interesante. Mucho. Está de acuerdo con las cosas que yo pienso.

De pronto recuerdo que tampoco conozco a Carmen, la preocupada mujer de Serafín.

V

Carmen es joven, no tiene más de treinta y cinco
años, muy guapa, sencilla en el vestir, sin *adornos*
caros... Se nota que apenas se gasta dinero en sí
misma. Cosa rara, siendo mujer de un hombre tan
rico.

Estamos sentados junto a una ventana, en una
cafetería, frente a frente. Sobre la mesa que hay
entre ella y yo, el camarero ha puesto dos tazas de
un café que huele muy bien. Carmen prueba el suyo
y vuelve a dejar la taza en el plato.

Sólo me ha sonreído tristemente al presentarme y
me ha ofrecido una mano pequeña y bonita que
temblaba un poco. También la tiemblan los labios,
tiene la cara pálida y preocupada, la cabeza baja y
los ojos con aspecto de haber llorado mucho. Lleva
un vestido de color oscuro.

Nuestra reunión ha sido fácil. A las cinco he llamado por teléfono al apartamiento que ocupa Laura
en la calle de Quintana. Ha sido ella quien ha contes-
tado a mi llamada, en seguida, como si hubiera estado esperando junto al aparato. Cumpliendo mi

acuerdo con Laura, Carmen estaba en el apartamiento.

Para que pudiéramos hablar a solas. Carmen había pensado que nos viéramos en una cafetería próxima, lo cual me ha parecido bien. Después de hacerme saber cómo era el vestido de Carmen, para que yo pudiera conocerla, y después de haber dicho yo a Laura que la llamaré otra vez, cuando termine la entrevista con Carmen, he venido a esta cafetería de la calle de la Princesa, donde hay silencio, ambiente agradable, y un café muy bueno.

Esto último podemos asegurarlo porque apenas nos queda la mitad del café que llenaba las tazas. Carmen ha llegado después de que yo había ocupado una mesa un poco apartada. No me ha sido difícil conocerla, por el vestido y por su mirada dudosa, al entrar buscándome.

Se ha sentado frente a mí. No hemos hablado concretamente sobre lo que me interesa, pero sí de la situación en forma general, mientras nos servían el café y empezábamos a tomarlo. Es Carmen Sanz, la mujer de Serafín, muy agradable, guapa y dulce. Seguramente ha de ser también muy simpática cuando no tenga esta terrible preocupación.

Y digo "terrible" porque claramente se ve que Carmen está al fin de sus fuerzas. Fuma cigarrillos sin descanso, encendiendo uno con el fuego del otro, le tiemblan los labios y hay momentos en que abre y cierra los ojos muchas veces seguidas, rápidamente. Mis conocimientos de psiquiatría me hacen suponer que Carmen puede volverse loca si continúa sufriendo esta preocupación.

¿Qué preocupación? Se lo pregunto de pronto.

—¿De qué tiene miedo en verdad, señora? ¿De qué su marido se quite la vida, o de que pueda pasarle a usted algo como a Raúl y a... los otros?

Me mira, sorprendida. Por un momento es más rápido el abrir y cerrar de sus ojos. Su voz se hace un poco agria.

—¿Qué dice? ¡Por favor, comisario! ¿No se lo han explicado? ¡Yo no tengo miedo de lo que pueda pasarme a mí, sino de la situación a que ha llegado mi marido! ¡Y por eso quiero que le ponga una vigilancia para cuidarle! ¿Por qué no le vigilan ya?

—Cada cosa a su tiempo, señora —digo tranquilamente—. Primero debo estar seguro de que necesita esa vigilancia. Y sepa que lo hago por mi amigo Pablo Ruiz, el médico psiquiatra. Lo que ustedes piden no es normal en los deberes de la policía.

Mira otra vez a la mesa. En realidad no me ha mirado de frente más que un par de momentos.

—¿Tanto le ama?

Mi pregunta le sorprende de nuevo. Y de un modo nada agradable. Apenas consigue mantenerse tranquila para contestar.

—No entiendo sus preguntas, señor Alcázar. ¿Qué piensa de mí? Yo me casé con Serafín porque le amaba. ¿Cree que lo hice por su dinero? No, no, señor comisario. ¿Quiere una prueba? No tengo ni una peseta mía, y Serafín me daría cuanto yo deseara. No tengo adornos caros ni *joyas*. Puede usted ver mi cuenta en el banco. Lo que me da Serafín yo se lo doy a los pobres. Siempre he estado cuidando de Serafín. Todos le dejaban solo, incluso su hermano Víctor. Todos, menos Raúl, Laura y yo.

Raúl me quería. Pregúntele a Laura. Y Laura me quiere. Pregúnteselo.

Procuro que no siga llorando. El camarero nos mira, y se lo digo a Carmen. Ella me contesta moviendo la cabeza y hace lo posible por estar más tranquila. Se seca los ojos, y espera nuevas preguntas mías.

—¿Cómo conoció usted a Serafín Boch?

—¿No lo sabe? —se sorprende—. Yo era su secretaria.

Ahora me sorprendo yo. Me doy cuenta de que necesito escribir en un papel los hechos que se han producido alrededor de Serafín Boch, de atrás adelante en el tiempo, para hacerme una mejor idea de cómo han sido. Lo haré luego, cuando tenga más datos.

—¿Su secretaria? Pero me han dicho que la secretaria de su marido murió en su casa porque se dejó abierto el gas...

—Tiene usted mente de policía, señor Alcázar —intenta sonreir Carmen—, y piensa mal de todo y de todos. Es capaz de creer que yo maté a la secretaria para ocupar su puesto y estar así cerca dc Serafín y... ¡Oh, no! Se lo explicaré.

Me lo explica. Fue hace cinco años y medio cuando Serafín creó la empresa de ventas y se llevó a Carmen como secretaria. Entonces hacía ya más de un año que Carmen era secretaria de Serafín como director de la fábrica. Al pasar Carmen a la empresa. Serafín puso en la fábrica otra secretaria, y ésta fue la que murió por el gas, unos tres meses más tarde.

Nada raro en ello. Nada para pensar mal. En realidad, debcría ya dejar la idea de que se puede encontrar algo parecido a un crimen. Carmen espera, en silencio, que yo termine de meditar. Cambio de asunto:

—¿Por qué no dijeron a su marido que Raúl había muerto asesinado?

—Fue por consejo del médico. Nos lo dijo cuando le llamamos al saber que habían matado a Raúl.

Esto está de acuerdo con lo que me ha dicho Víctor Boch. Ahora voy a interesarme por algo que me parece importante. Yo pienso que, si Laura, Julio, Víctor y Carmen tienen tanto deseo de que ponga una vigilancia para Serafín, es porque uno de ellos quiere matar a Serafín de modo que parezca que él mismo se ha quitado la vida. Y así, el crimen estará quizá preparado para que se pueda hacer aunque haya un policía cerca. Más aún, el policía no habrá visto al asesino, y servirá para que nadie dude que no hubo crimen, sino que Serafín se ha matado. Recordemos que no siempre tiene el policía ante sus ojos a Serafín. Mejor dicho, muy pocos ratos está viéndolo.

Si todo lo que supongo es verdad, también ha de ser cierto que este plan se dispuso hace mucho tiempo. ¿Cuándo? Cuando el asesino eligió para Serafín un médico psiquiatra —Pablo Ruiz—, que tuviera un amigo policía —yo, Marcos Alcázar—, con suficiente grado para dar órdenes a otros. Entonces el asesino pensó que, llegado el momento de matar a Serafín, podría conseguir del médico que pidiera vigilancia policíaca para Serafín, con posibilidad de que el amigo policía, yo, se la diera, precisamente por amistad.

En caso de que mis pensamientos vayan por buen camino, el asesino ha de reunir las siguientes condiciones:

1. Ser alguien con posibilidad de influir en la mente de Serafín, aumentándole el miedo a producir la mala suerte o la desgracia de otras personas, y llevándole hacia la idea de quitarse la vida.
2. Saber que existe un médico psiquiatra con amigo Comisario de Policía.
3. Tener un plan para asesinar a Serafín aunque haya un policía cerca, vigilando.
4. Pensar que se le podría creer culpable de la muerte de Serafín, por lo cual necesita que haya un policía vigilando.
5. Poder conseguir que Serafín esté de acuerdo en visitar al médico psiquiatra.
6. Estar interesado en que muera Serafín, porque de ello se producen beneficios para el asesino.

Y, considerando estos seis puntos, resulta como consecuencia lo siguiente:

7. La persona de quien hablamos ha cometido ya los asesinatos de la primera mujer de Serafín y de su hijo Raúl. Estos por lo menos.
8. Tiene miedo de que, al matar a Serafín, se pueda saber que asesinó a los otros.
9. ¿Quién es, por lo tanto, esta persona? Pienso en tres nombres: Víctor Boch, Carmen Sanz y Laura Boch. Quizá, también, mucho menos concretamente, en Julio Marín, el joven arquitecto novio de Laura. Estos son los nombres que me vienen a la mente.

A mi mente de policía que ve crímenes en cualquier parte y que, como ha dicho Carmen, piensa mal de todo y de todos. Porque verdaderamente no tengo pruebas, sino simples suposiciones.

Pero, en fin, debo seguir esta idea. Carmen espera, sin mirarme.

—Dígame, señora: ¿Quién de la familia decidió que Serafín necesitaba un psiquiatra?

—Yo.

—¿Y quién decidió ir precisamente a don Pablo Ruiz?

—Bueno... Fui también yo, en cierto modo.

¡Ah! Si Carmen es culpable, sabe muy bien lo que hace, lo ha meditado todo y no se dejará sorprender. Pregunto lentamente:

—¿Qué quiere decir "en cierto modo"?

—Como ninguno de nosotros conocía a un médico psiquiatra, cogí la *lista* de teléfonos, busqué la de profesiones y puse el dedo sobre un nombre en "médicos", 'Psiquiatría". Resultó ser Pablo Ruiz.

Una respuesta muy bien preparada. Si Carmen es culpable, sabe que puedo preguntar lo mismo a Víctor o a Laura. Resulta menos grave si ella misma me lo dice. Y sería muy grave no decirme la verdad.

—¿Quiénes estaban con usted en aquel momento?

—Laura, Julio y Víctor.

—Luego fue usted quien vio al médico y quien llevó a su marido para que hablara con el médico y...

—No, no. Todo eso lo han hecho Laura, Víctor y Julio.

—¿Por qué no usted?

—No he querido permitir que alguien me considere una de esas mujeres interesadas en que declaren loco a su marido rico. Preferí dejar el asunto

en manos de Víctor y de Laura. Me parecía más...
limpio hacerlo así.

—¿Pero quiere que declaren loco a su marido?

— ¡No! —Carmen procura no gritar, aunque le
tiemblan sobre la mesa las manos—. ¡Yo sólo quiero
que ustedes los policías le impidan que se mate!

No. Carmen, si es culpable, no se dejará sorprender. Ahora llora en silencio. Y dice, aún:

—Por favor... ¿No puede comprenderlo? Yo sólo
estaré tranquila cuando sepa que ha puesto alguien
para vigilar a mi marido.

Se levanta lentamente y va hacia la salida, secán-
dose los ojos. Yo no quiero quedarme aquí, donde
un camarero y un cliente me miran, curiosos. Salgo a
la calle con Carmen que se para frente a mí.

—Adiós, señor comisario. No me haga mucho
caso. Creo que me estoy volviendo loca. Ya sé que
usted procura cumplir con su deber.

—Y usted necesita descansar, señora. Intente
dormir, aunque sea tomando alguna medicina.

—Sí... Se lo agradezco. Y..., señor Alcázar. No siga
buscando crímenes en esto. Aquí sólo encontrará
una familia triste, una mujer desgraciada, un hombre
a quien la mala suerte le ha llevado hasta desear la
muerte... Aquí no hay asesinos, sino personas que
sufren.

Yo debería ya creerlo así. Incluso me gustaría
creerlo así. Es lo que pienso, viendo cómo Carmen
se va, con la cabeza inclinada, con los brazos caídos,
el paso lento y dudoso.

Cierto. Me gustaría creer que no hay crímenes ni
asesinos en este asunto. Pero algo me impide olvidar

mis dudas. Un algo raro que se mueve dentro de mi mente de policía.

Sin saber exactamente cómo debo continuar, decido ir al apartamiento de Laura. Voy hasta el edificio, entro al portal, uso el ascensor para subir. Laura me abre la puerta, y me recibe no muy contenta de verme. Lo comprendo en seguida. Julio Marín está con ella.

—Buenas tardes, señor Alcázar. Me ha parecido que no debo dejar a Laura en un momento como éste —dice Julio, como si considerase necesario darme una explicación.

—Yo lo encuentro muy natural —sonrío—. Y no les voy a imponer mi visita mucho tiempo. Sólo un minuto para decirles que ya he hablado con doña Carmen. Y me preocupa. ¿Siempre ha tenido ese temblor en los labios y en las manos? ¿Y ese rápido abrir y cerrar de ojos en esa forma tan poco normal?

Se miran, dudosos. Julio me pregunta:

—¿Qué quiere decir con eso de "poco normal"?

—Bueno... Ya saben que soy aficionado a la psiquiatría.

—No. No lo sabíamos —dice Julio, muy serio.

—¿No se lo ha dicho mi amigo, el médico psiquiatra?

—Quizá... —duda Laura—. Quizá sí. Pero no pensábamos que usted, realmente... Bueno... ¿Por qué le preocupa tía Carmen?

—He dicho simplemente poco normal. Y les he hecho una pregunta.

—Ya... —suspira Julio—. Verá... Sí que algunas ve-

ces la he visto temblar así, y abrir y cerrar
muchas veces los ojos. Pero...

—¡También yo! —salta Laura—. En algunos ratos de
preocupación. Y cuando está demasiado tiempo sin
salir..., sentada..., meditando... Además suele que-
jarse de que no consigue dormir.

—¿Y eso pasa desde que su tío Serafín quiere
matarse?

—No, no. Siempre la he conocido así.

—¿También cuando era secretaria en la empresa?

—Entonces yo la veía poco —dice Laura, procurando recordar—. Aunque... Yo diría que sí. Ya entonces. Pero nunca pensé que pudiera estar enferma...

Bien. Yo sí lo pienso. Bien... Supongamos que es
verdad. ¿Y qué? ¿De qué me serviría? Muchas personas hay que no tienen los *nervios* tranquilos, pero
no por eso son asesinos. Así se lo digo a Laura y a
Julio.

—¿Cree que deberíamos llevarla al psiquiatra?

—No, claro. Si eso tuviera importancia, ya lo hubiera notado él.

—¿Cuándo? Ella no ha ido a la casa del médico
—dice Laura.

¡Oh! Sí. Es cierto. No lo recordaba. Debo irme
ya. Pero... ¡Ah! Se me olvidaba...

—¿Por qué no dijeron a su tío que Raúl murió
asesinado en el campo?

—Cumplíamos una orden del médico —contestó
Laura.

—¡Ah! Sí, sí... Pero, ¿quién de ustedes consideró
necesario hablar con el médico, antes de que su tío
supiera la desgracia de Raúl?

—Tío Víctor.

—¿Los demás estuvieron de acuerdo en eso?

—No hubo tiempo de ponernos de acuerdo.

—Por favor, cuénteme lo que pasó.

Estamos aún de pie, en el recibidor. Laura no parece dispuesta a decirme que pase. Y no cabe duda de que a Julio no le gusta mi visita. Le noto deseoso de que me vaya pronto. Laura medita un momento, como recordando, y habla después, en voz baja.

—Era por la tarde, sobre las cuatro aproximadamente. Recibí yo la llamada telefónica...

—¿Usted cogió el teléfono?

—Primero lo cogió la muchacha de servicio. Me dijo que alguien de la policía preguntaba por mi tío. El no estaba en la casa. Había ido a la iglesia. Pero, aunque hubiera estado en casa, de ningún modo le hubiera pasado a mi tío la llamada.

—¿Por qué?

—El médico nos había ordenado que procurásemos no dejarle recibir directamente ninguna noticia. Si era una mala noticia, podía hacerle más grave su enfermedad, su idea de matarse. Así que no le hubieran pasado a mi tío una llamada de la policía, sin saber Carmen o yo, antes, de qué se trataba.

—Comprendo. ¿Ya entonces habían ustedes pensado que su tío jugaba con la idea de quitarse la vida?

—Sí —dice Laura—. Sí, claro. ¿Por qué le habríamos llevado al médico, si no?

—¿Cuándo empezaron a preocuparse por él?

—Al poco tiempo de haberse apartado de la fábrica y de la empresa. Pero entonces se casó con

61

Carmen, y esto le tranquilizó durante casi dos años. Hasta que murió el *sirviente*.

—¿Qué sirviente? —me intereso.

—Un viejo sirviente a quien tío Serafín quería mucho. Murió del corazón hace un par de meses. Esto para tío Serafín fue volver a empezar con sus preocupaciones.

Hago como si esto no me importara. Cambio de asunto:

—Fue su hermano Víctor quien le dijo que debía dejar los negocios, ¿verdad?

—Sí. Los empleados y los miembros del Consejo no querían seguir con él si... Pero esto ya se lo expliqué a usted.

— ¡Oh, sí! Lo recuerdo ¿Y quién de ustedes notó a su tío tan raro como para tener miedo de que sus pensamientos fueran peligrosos?

—Carmen. Ella estaba más tiempo con él.

—Naturalmente. Comprendo. Continúe, por favor. Aquella tarde fue usted quien cogió el teléfono. Un policía le dijo que habían encontrado muerto, asesinado, a su primo Raúl. ¿Qué hizo usted entonces?

—Se lo dije a Carmen. No sabíamos qué hacer. Había que darle a tío Serafín la terrible noticia. ¿Y cómo? Carmen decidió llamar a tío Víctor y pedirle su parecer. Tío Víctor pensó que sería mejor hablar los tres del asunto. Pero tío Serafín podía llegar de pronto, sorprendernos y enterarse. Por eso decidimos celebrar la reunión en una cafetería, no muy lejos de nuestra casa. Fuimos allí Carmen y yo. En seguida llegó tío Víctor. Apenas le habíamos contado lo que había dicho el policía, se presentó el médico.

—¿Pablo Ruíz? ¿Quién lo había llamado?

—Tío Víctor. Después de hablar con nosotras pensó que convenía contar con el psiquiatra. Llamó por teléfono a casa del médico. El doctor Ruíz no estaba en aquel momento, pero Tío Víctor dio a la enfermera la orden de buscarle y de pedirle, de parte de Víctor Boch, que fuese lo más pronto posible a la cafetería. Luego...

—Es bastante, señorita —sonrío—. Le agradezco su atención —voy a volverme hacia la puerta, pero no lo hago aún—. ¡Ah! Una pregunta más: ¿Quién decidió que fuese don Pablo Ruíz el médico para su tío Serafín?

—¿Por qué? —se adelanta Julio.

—Fue Carmen —dice Laura—. Pero lo hizo poniendo un dedo sobre la lista de psiquiatras y leyendo un nombre cualquiera.

—¿Por qué pregunta todas estas cosas? —dice Julio, agrio—. ¿Qué importa todo eso? ¡Lo que deseamos es que don Serafín esté vigilado!

—Sí, sí. Lo sé —suspiro—. Les llamaré cuando lo decida.

VI

Son las seis y media y estoy en mi despacho. La luz del día se acaba poco a poco. Desde hace unos minutos estoy sentado en el sillón de mi mesa, meditando, con la mirada fija en los papeles que el secretario me ha dejado al recibirme.

—Ahí está todo lo que he podido encontrar, señor Alcázar —me ha dicho—. En realidad no es todo lo que me ha pedido, aunque algunas cosas sean bastante completas.

Pero todavía no he comenzado a leer. Procuro pensar en los diálogos que he mantenido ayer y hoy en relación con el asunto de Serafín Boch. Y, cuanto más lo pienso, más me parece que es un feo asunto.

Quizá hubiera sido más lógico hacer una visita a Serafín. ¿No sería esto un modo de comprender mejor? Entonces, ¿por qué no voy a verle y hablar con él? No, no. Todavía no. Es como un juego mental: Conocer todas las circunstancias de un hombre, sus amigos y las personas de su familia, saber lo que piensan de él... Conocer la vida y los problemas de un hombre, su trabajo, su profesión, su estado social... Conocer todo esto y hacerme una idea de cómo es él.

¿Cómo es Serafín Boch? Si yo le viese ahora gordo o fino, alto o bajo, guapo o feo..., podría tener una idea equivocada, influido por su modo de presentarse ante mí. No es el aspecto de su cuerpo lo que deseo conocer ahora, sino el de su *espíritu*. Y sus circunstancias y lo que hay a su alrededor.

Por eso, empiezo a leer los papeles que me ha traído el secretario.

No son todo lo que yo he pedido, ciertamente. Pero es mucho más de lo que podía esperar que se consiguiera en sólo unas tres horas, especialmente sobre las muertes del padre de Serafín y la muerte de Juan Boch, hermano de Serafín y padre de Laura, ocurridas muchos años atrás.

La muerte de aquel sastre-agricultor, que fue padre de Serafín, de Víctor y de Juan en un pueblecito de la Costa Brava, no tuvo nada de raro. Murió por accidente, eso sí. Tal como Víctor me lo ha contado esta mañana: Serafín llegó al pueblo, montado en el caballo tranquilo. Se bajó del animal; montó su padre. Saltó el caballo, el sastre cayó y murió en seguida, con la cabeza rota. Nadie tuvo la culpa. Muchos lo vieron. Fue una desgracia.

El secretario ha escrito unas palabras al final de este *informe* de la policía de Barcelona: "Me han dicho que llamarán por teléfono luego, en cuanto sepan algo más. Envían al pueblo un policía para preguntar detalles sobre la familia Boch en aquel tiempo."

3

Paso a otro informe. Este nuevo papel explica cómo murió Juan, el menor de los hermanos Boch. También es lo mismo que Víctor me ha contado. Pero, además, sé ahora que un buen mecánico de la policía examinó el coche con el que se mataron Juan Boch y su mujer. El perito mecánico declaró que el accidente no se produjo por mal estado de alguna pieza del coche. Hubo de ser porque Juan no sabía conducir bien o por cualquier otra cosa, sin culpas para nadie.

Así resulta que no se puede pensar en un culpable, sino en la mala suerte que lleva Serafín a las personas que viven a su alrededor.

Veamos ahora los otros casos. Para no cambiar el orden en que los ha dejado el secretario, tomo el papel que sigue al informe sobre el accidente de Juan Boch. Es algo que pasó tres meses después al haber creado Serafín la empresa de ventas: La muerte de la secretaria de la fábrica. Ciertamente la mató el gas que estuvo saliendo durante una noche, mientras la joven dormía en su casa, donde vivía sola. La policía no pudo encontrar a nadie que quisiera mal a la secretaria. Nadie que tuviera motivo para desear que muriese. Sólo se podía pensar en accidente. La joven debió de olvidarse de cerrar el gas.

Otro informe: Ahora sobre aquel miembro del Consejo de Administración a quien le cayó parte de un tejado, y resultó herido. Siempre se iba a pie, desde las oficinas de la empresa, siguiendo el mismo camino hasta su casa que estaba cerca, después de asistir a una reunión. Pasaba junto a un edificio viejo y abandonado. Aquel día le cayó el trozo de tejado. Tuvo suerte y sólo se rompió un hombro. Tampoco había quien tuviera motivo de querer asesinarle. Esto fue dos meses después del anterior accidente.

Tercero: El Jefe de Personal de la fábrica murió cuando, terminado su trabajo, por la tarde, venía a Madrid desde los edificios donde yo he visitado a Víctor Boch esta mañana. En el informe hay un dibujo del lugar. Lo recuerdo. Es un camino en fuerte cuesta, que baja desde la fábrica a la carretera. Al llegar a ésta tiene una *curva* muy cerrada. Parece que no funcionaron los *frenos* del coche, y el Jefe de Personal cayó al otro lado de la carretera, a un campo de nivel mucho más bajo. ¿Qué había ocurrido? Entonces, los coches de los empleados tenían el *aparcamiento* no donde ahora está, sino detrás del edificio principal. ¿Pudo ser que alguien estropeara los frenos? Sí. Pudo hacerlo alguien sin ser visto, en cualquier momento del día. Pero también pudo ser una *avería* normal. No fue posible aclarar esto en el informe técnico. Sin embargo, ¿quién podía querer mal a ese hombre que, como jefe y como persona, era tan bueno y amigo de todos? Solamente un loco, sin razón ni motivo, hubiera podido desearle la muerte que, además, no resultaba beneficio para nadie.

Pero, cuatro meses más tarde, hubo un fuego en la fábrica. *Ardieron* unos materiales químicos y, por cortar el fuego, varios obreros sufrieron *heridas*. Aquello pasó a poco de comenzar el trabajo, una mañana, y precisamente cuando el día anterior había estado Serafín visitando esa parte de la fábrica, por lo cual en seguida se pensó que había sido culpa de la mala suerte que Serafín llevaba a su alrededor. Y, al mismo tiempo, le consideraron culpable de los otros accidentes graves y de todas las cosas sin importancia que ocurrían a diario. Aunque sólo fuera el que un empleado hubiera roto un reloj. Lo mismo que antiguamente, cuando era muchacho, en el pueblo, como me ha dicho Víctor, las gentes consideraban a Serafín culpable hasta de la muerte de una gallina.

Los espíritus empezaron a perder en serio la tranquilidad cuando un par de meses después, un miembro del Consejo de Administración, por mala dirección de su coche, se mató en una carretera. La avería no se produjo en aquel momento. El técnico informó que debió de haber empezado algún tiempo atrás, y que se hubiera podido arreglar si el coche hubiera pasado por un taller antes de que su dueño saliera de viaje. El muerto era hombre rico y dejaba mucho dinero a sus herederos. Pero ninguno de éstos había estropeado el coche. Quedó bien probado que no. Otra simple avería, culpa de la mala suerte que Serafín Boch "repartía" entre sus conocidos.

Hasta entonces habían pasado un año y dos meses desde que Serafín creó la empresa de ventas. Hubo temor y se habló mucho. Algunos pensaron en dejar la fábrica o la empresa. Incluso hubo uno que ya dijo algo sobre pedir a Serafín que se apartase de sus negocios y pusiera otro director al frente. Todo esto son palabras que mi secretario ha escrito en un papel antes del siguiente informe. No sé cómo ha tenido tiempo de enterarse, pero con ello veo que hice bien al tomarlo de ayudante.

Luego nada sucedió a lo largo de ocho meses. Ya los espíritus iban estando tranquilos, cuando una noche robaron en casa de un miembro del Consejo de Administración. Era un hombre que tenía una caja fuerte en el despacho de su casa, y no pensaba que alguien pudiese robar allí. Además tenía la mala costumbre de sacar dinero del banco, los viernes, a última hora de la mañana, y llevarlo a la caja fuerte de su casa, para pagar él, personalmente, temprano, el sábado, a los obreros y empleados de un almacén agrícola de su propiedad. Siempre la cantidad de dinero era grande, pero mucho mayor aquella vez, porque los pagos habían de ser extraordinarios.

La persona que robó fue, sin duda, profesional. Conocía las costumbres de aquel hombre y la casa y el lugar donde se hallaba la caja. Un profesional robó, sin duda, puesto que supo abrir la caja sin romperla. Y nadie más que el dueño de la casa conocía el número que servía para abrirla. Trescientas mil pesetas fueron la cantidad robada. La policía vigiló durante algún tiempo a todos los que podían haber sido culpables, pero en ninguno hubo motivos para acusar.

Tres meses más tarde murió María, la primera mujer de Serafín. Fue tal como Víctor me lo ha contado esta mañana. En el caso de María, ¿quién podía desear su muerte? Parecía una locura pensar en el hijo —Raúl—, en Laura... ¿Quizá Víctor? ¿Para qué? ¿Carmen, la secretaria, buscando camino hacia una boda con Serafín? ¿Quizá el mismo Serafín? ¿Quizá Julio Marín, el novio de Laura, para que ésta tuviera luego mayor parte en la herencia, si moría su tío Serafín? ¡Bah! De nada servía encontrar motivos en estas personas, ya que ninguna de ellas pudo matar a María empujándola por el *hueco* del ascensor. Cuando María cayó y se mató, cada una de esas personas estaba lejos, en lugares donde había *testigos*.

En unas líneas escritas por mi secretario, explica que nada nuevo y grave ocurrió durante un año. Pero casi exactamente un año después, alguien robó la fábrica. La caja fuerte guardaba cerca de cuatrocientas mil pesetas para el pago de personal, que había de hacerse al día siguiente. El vigilante de noche estaba muerto. Le habían asesinado por la espalda, con un cuchillo. Hora, minutos más o menos, las nueve —las veintiuna—, cuando Serafín Boch estaba en una iglesia, asistiendo con su secretaria Carmen a una fiesta religiosa.

Y, al siguiente mes, el Jefe de Ventas de la empresa murió, porque se le paró el corazón. Estaba enfermo, vivía solo en un apartamiento. En realidad no tenía más que una fuerte gripe. La sirvienta que limpiaba el apartamiento había estado trabajando allí toda la mañana, y se había ido después de servirle la comida y de dejarle preparada la cena. Serafín Boch y su secretaria Carmen habían estado a visitar al enfermo la tarde anterior. Aquel empleado de Serafín no quería médicos. El mismo se recetaba sus medicinas. Sin embargo hubo de aceptar que al menos le visitase un médico: El que fue llamado para *certificar la defunción* cuando al día siguiente le hallaron muerto en su cama. Y el certificado decía que aquéllo había sido muerte natural por culpa del corazón...

Con todo esto y lo que ya sé, puedo suponer que fue después de aquello cuando todo el personal de fábrica y empresa, y los miembros del Consejo de Administración, decidieron no trabajar más para

Serafín Boch si éste no se alejaba de ellos para siempre.

Puedo suponer también que fue entonces cuando Víctor Boch se encargó de ocupar los puestos directores que ocupaba su hermano. Y puedo suponer que Carmen aprovechó el momento para conseguir que el triste Serafín en desgracia, necesitado de amor, se casara con ella, con la secretaria que tan bien había cumplido sus deberes, siempre cerca de su jefe, sin abandonarle nunca...

Luego pasan dos años y muere el viejo sirviente querido... También del corazon. Me lo ha dicho Laura. Sólo un mes más tarde, Raúl, el único hijo de Serafín... Otro mes más y piden a Pablo Ruiz que me llame como policía para que...

¿Quién tiene que morir ahora?

Miro el reloj. Son las siete.

¿Quién tiene que morir ahora? ¿Serafín?

Estoy cansado de que me bailen las ideas en la mente.

¿No será que Serafín ha sido de verdad el culpable de tantas desgracias, no por su mala suerte sino por gusto de asesinar? Pero Serafín no pudo matar a su mujer ni a...

No. Claro. Tampoco a su padre ni a su hijo...

Estoy cansado de tantas ideas bailando en mi espíritu. Necesito ponerlas en orden. Cojo un papel y empiezo una lista de los hechos, por *fechas*. En seguida comprendo que me faltan *datos*.

Pero estoy seguro de que no es éste un caso de mala suerte. Hay una serie de crímenes alrededor de Serafín Boch. Y acusaría ya, si tuviera pruebas suficientes, a Carmen Sanz.

¿Por qué no hacerlo? ¿Por qué no hablar de nuevo con ella y acusarla? Quizá diera buen resultado.

Me decido. Cojo el teléfono y la llamo. Le pido una entrevista *urgente*. Me dice que sí. A las ocho, Serafín se irá a la iglesia, como es su costumbre de todas las tardes. Puedo ir a su casa, si quiero hablar con ella a solas.

Tengo una hora antes de ir hasta el hotelito donde viven los Boch, al final de la calle de Serrano, pasada la plaza de la República Argentina. Puedo emplear parte de esta hora en mejorar la lista de hechos... Aunque..., no. Más tarde, después de que hable con Carmen, puedo continuar ese trabajo. Y quizá entonces no sea necesario.

Pero sí hay otra cosa interesante que me conviene para comprender mejor el informe que acabo de leer sobre la muerte de María: Ver yo mismo la escalera, la puerta del ascensor que María pasó para caer por el hueco desde el décimo piso. No entiendo bien cómo pudo creer que allí estaba el ascensor. Además, si no estaba, ¿cómo pudo abrir la puerta?

No se me hará tarde si paso por la casa donde Serafín vivía con su primera mujer. Por lo que ya sé, el desgraciado Serafín dejó aquella casa poco después de la muerte de María. No quería seguir viviendo allí. Por eso se cambió al hotelito de la calle de Serrano.

Escribo unas líneas para mi secretario, pidiéndole que sigan buscando los datos e informes que todavía faltan, de acuerdo con lo que le he dicho al principio de la tarde. Especialmente cuanto se pueda saber sobre la vida de Carmen Sanz. Luego salgo a la calle, pensando en dos ideas principales.

Una: ¿Quién pudo entrar en la fábrica sin hacer ruido y sin romper una puerta y sorprender al vigilante y abrir la caja fuerte y robar el dinero que aquella noche había? Un profesional. Sí... Pero hubo de ser un profesional que supiera mucho y muchas cosas, como cuando alguien robó en la casa del miembro del Consejo de Administración. ¿El mismo profesional, quizá?

Dos: ¿Quién pudo en el campo acercarse a Raúl, el hijo de Serafín, coger su cuchillo, ponerse a su espalda y asesinarle, sin que Raúl pensara en defenderse? Sólo alguien de quien Raúl nada temiera. Y el informe que hace un momento he leído dice que Raúl no había luchado por su vida ni su rostro expresaba sorpresa o temor.

VII

He subido en el ascensor hasta el décimo y último piso de esta casa donde vivieron Serafín Boch y su mujer María. He salido al *descansillo* amplio donde sólo hay dos puertas: La del piso que ocupaban los Boch y la de la caja del ascensor.

No llamaré a esta puerta del piso en que ahora viven otras personas que nada importan para este caso. Intento hacerme una idea de lo que ocurrió, aunque ya lo he leído en el informe. Para ello, primero hago bajar el ascensor cuya caja no está en el centro de la escalera y rodeada por ésta, sino en la pared, no a la vista. Pero la puerta de la caja tiene una ventanilla por la cual se ve la luz del ascensor cuando éste está llenando el hueco. Ahora que el ascensor ha bajado, la ventanilla deja ver un oscuro hueco detrás.

Veamos... Supongamos que yo salgo del piso al descansillo. Supongamos que he cerrado la puerta del piso tras de mí. Al otro lado del descansillo está la puerta del hueco del ascensor. Aun antes de acercarme, ya veo el negro de la ventanita, lo cual me indica que el ascensor está abajo.

¿Qué haría yo, si quisiera bajar en el ascensor? Tocar el *botón* que lo hace subir.

Pero supongamos que me ha parecido que el ascensor está aquí, detrás de la puerta. En tal caso, intentaría abrir la puerta. Lo intento. Naturalmente, no se abre. Estas puertas no se abren si no está detrás de ellas el ascensor.

Visto todo esto, ¿cómo pudo María abrir la puerta, pasar al hueco oscuro y caerse?

Sólo si la puerta hubiera estado sin cerrar completamente... Pero entonces no podía haber bajado antes el ascensor. Los ascensores no bajan ni suben si no están bien cerradas todas las puertas de los pisos.

Pensemos ahora que fue un asesinato. Ya está funcionando de nuevo mi mente de policía. ¿Por qué había de ser un asesinato?

No sé. Pero supongamos que fue un crimen. ¿Cómo pudo haberlo hecho el asesino? Para entenderlo mejor, voy a suponer también que yo fuera el criminal. ¿Cómo lo haría yo?

Ante todo, pensemos cómo habría llegado a este descansillo del décimo y último piso. ¿Vivía en esta misma casa, en otro piso más bajo? No. He visto en el informe la lista de los vecinos. Ninguno tenía relaciones con Serafín Boch. Ni motivos para matar a María. Es algo que mis compañeros estudiaron muy bien, y parece completamente seguro que nadie de esta casa podía desear la muerte de María.

Claro que tampoco se pudo *sospechar* de otras personas. Pero ningún policía pensó entonces que aquel accidente pudiera ser un asesinato. Según el informe, esta puerta del hueco estaba abierta, y María muerta, abajo, cuando los sirvientes salieron al oír el grito.

Sin embargo, yo estoy suponiendo que fue un crimen. Y que yo soy el asesino. Bien: No vivía en la casa. Venía de fuera. ¿Por dónde? ¿Por la escalera? ¿Subí en el ascensor? Lo que importa es saber cómo pasé por delante del *portero* sin peligro de que me viera y me recordara luego.

Lo mejor, para no tener ese peligro es no pasar por delante del portero. No subí. Bajé. ¿Se puede? Quizá sí Hay un trozo de escalera que permite subir algo más arriba de este piso.

Subo. Este trozo de escalera termina en una puertecita. No está cerrada. La empujo y se abre. Salgo a una terraza muy grande. Con pocas dificultades se puede pasar a las terrazas de otras casas. Si hubo un asesino, pudo venir por aquí, después de haber subido por cualquier otra casa.

Vuelvo al descansillo. Como asesino supuesto, tengo ahora un problema. Podía saber que, hacía una hora, había salido Serafín y que María estaba dentro del piso. También que sólo María podía salir por la puerta del piso, porque los sirvientes salen por otra puerta a otra escalera para el servicio. ¿Pero cómo supe cuándo, exactamente, saldría María?

Recuerdo el informe: "Era jueves. Todos los jueves, a las cinco de la tarde, el chófer de María paraba el coche ante el portal de la casa, para esperar a la señora. Era un coche que Serafín había puesto, con chófer, para uso de su mujer. Ella bajaba en seguida, porque la calle, céntrica y con mucho movimiento, no permitía que el coche estuviera demasiado tiempo allí parado. Los jueves era el día en que la mujer de Serafín, por vieja costumbre, salía de compras y visitaba a unas amigas..."

Bien. Sigamos suponiendo: Es jueves, soy el asesino, he llegado a este descansillo y son casi las cinco de la tarde.

Toco el botón de llamada, en la puerta del hueco, y oigo subir el ascensor. Espero. Un minuto después, se ve luz tras la ventanita. Abro la puerta del hueco —ahora se puede—, pero no las puertecitas del ascensor.

La puerta del hueco tiene dos aparatitos. Uno para que no se abra. Pero a éste lo suelta el mismo ascensor cuando llega al piso. El otro aparatito es para empujar, al cerrarse, un botón que sale hacia adelante al abrirse. Mientras el botón está saliente, el ascensor no puede bajar. Esto es algo que ocurre, más o menos así, en todos los ascensores.

Dejo la puerta abierta. Con una mano empujo este botón de dentro. Con la otra mano toco el botón de bajada. Y el ascensor baja, sin necesidad de cerrar la puerta. Muy fácil. Ya está el ascensor abajo. Supongamos que son las cinco. Espero un instante, manteniendo la puerta casi cerrada.

En este momento, aquel jueves, salió María. Se acercó sin sospechar. Yo, el asesino, me había vuelto hacia ella y...

Supongamos otra vez. ¿Me conocía ella? ¿Sí? Pues le dije: "¡Ah! Yo venía para... (cualquier cosa). Pero no importa. Vámonos juntos y... (cualquier razón preparada para el caso)".

¿No me conocía? Pues di cualquier motivo para estar aquí, como si acabase de llegar en el

ascensor. Por ejemplo que yo quería salir en otro piso de abajo...

De todos modos, me conociera o no María, íbamos a bajar juntos. Ella se había acercado a la puerta que yo no he cerrado del todo. No podía sospechar que no estaba el ascensor. Yo le cedí el paso, con una sonrisa... (Esto me indica que el asesino debía de ser un hombre.)

De pronto abrí la puerta y empujé a María con fuerza. Ella cayó por el hueco, lanzando un grito que la caja del ascensor repartió por la casa, de arriba abajo. Dejé la puerta abierta, para que pareciera más un accidente, subí a la terraza y me fui por donde había venido.

El único peligro estaba en que María no hubiese muerto y pudiera decir después quién la empujó. Pero, ¡bah! ¿Cómo era posible que no hubiera muerto en una caída de diez pisos?

Bien. Esto es lo que hice. Mejor dicho, esto es lo que hubiera hecho, aquel jueves, dos años atrás, a las cinco de la tarde, si yo hubiera sido un asesino que quisiera matar a María.

Pudo ser un crimen. Ahora sé que pudo ser un crimen. No digo que lo fuera ni quién sería el asesino, pero más tarde lo pensaré. Ahora sólo tengo el tiempo necesario para ir a la entrevista con Carmen.

* * *

No está el policía que vigila el hotelito de Serafín. Son las ocho y diez minutos. Esto quiere decir que Serafín se ha ido a la iglesia y que el policía lo ha seguido.

En realidad el "hotelito" es una bonita casa de dos pisos, con un jardín alrededor. Voy hasta la puerta de la fachada principal y llamo. Carmen abre, me sonríe y me hace pasar a un recibidor muy elegante. Lleva otro vestido, pero también oscuro y sencillo. Sin adornos caros ni joyas. Pero, como antes, parece nerviosa, le tiemblan un poco las manos, abre y cierra los ojos muchas veces...

—Siéntese, por favor —suspira—. Estoy muy preocupada. Serafín ha ido a la iglesia y no he podido seguirle yo, por esperarle a usted.

—¿Seguirle? ¿Para qué?

—Para cuidarle, ya que usted no quiere poner un policía que le vigile. He tenido que enviar a la doncella.

—¿La doncella sabe que su marido tiene la mala idea de matarse?

—Naturalmente. Es necesario que todos estén preparados para intervenir si mi marido, de pronto...

—Ya. Comprendo. ¿Cuánto tiempo podremos hablar a solas?

—Quizá más de una hora.

No me ofrece nada de beber. Sin duda desea que me vaya en seguida. Pero yo me pongo cómodo en una butaca, y enciendo un cigarrillo. La miro contínua y fijamente. Ella procura tener tranquilos sus nervios, pero no lo consigue.

—Vengo a decirle algo que ha de resultarle muy extraño, señora —hablo en voz baja, lentamente—. Quiro acusarla de varios crímenes.

Ahora sí. Ahora ya no tiembla. Ahora no se mueve. Me mira con los ojos a medio cerrar, como una gata. Parece que ahora tiene los nervios tran-

81

6

quilos, pero yo estoy seguro de que no. Sólo debe de ser que se siente en peligro.

—¿Qué crímenes?

—Robos y asesinatos.

Sonríe. Sí. Sonríe, como si creyera que voy a contarle un chiste. Y espera que siga yo hablando.

—Robos y asesinatos —digo—. Es un modo de hacer las cosas muy raro en un policía, pero la estoy acusando de varios crímenes.

—No lo comprendo. ¿A mí...? ¿Robos y asesinatos? ¿Yo? ¿Cuándo?

El "¿cuándo?" parece que lo ha preguntado con preocupación. ¿Por qué?

—En los últimos seis años y medio —contesto.

Vuelve a sonreir. Se diría que mis palabras le han quitado la preocupación. Y continúa mirándome. Yo sé que no se dejará sorprender.

—Explíquemelo, por favor. Supongo que no está jugando. La situación es muy grave.

—Y hablo completamente en serio.

—Oigame, comisario —duda—. Si habla en serio, le agradeceré que no pierda tiempo y que me dé pronto una explicación.

—Seré completamente franco. Empecemos. Creo que usted mató a la secretaria de dirección de la fábrica, hace seis años y tres meses.

Suspira, como si le costara trabajo sufrir este diálogo.

—Señor Alcázar —dice—, debo suponer que tiene usted algún motivo para esto. También yo le oiré y hablaré muy en serio. Aquella secretario murió por...

—Sí, sí —corto—. Lo sé. Conozco todos los datos.

Ella y usted fueron compañeras. Alguna vez ella pudo llevarla a su casa...

—Me llevó. Varias veces.

—¿Lo ve? Usted pudo haber conseguido una llave del piso, ir aquella noche y entrar, muy silenciosa. Pudo abrir el gas... O pudo haber ido con ella y dejar abierto el gas antes de marcharse...

—Sí. Pude —dice con voz seca—. Pero, ¿para qué?

—Para que su jefe, Serafín Boch, empezase otra vez a creer que producía desgracias a su alrededor.

—¿Para qué necesitaba yo hacer eso?

—Para producirle temor y deseo de ayuda amistosa que pudiera un día llegar a ser amor.

—Serafín tenía entonces a su mujer. Y la amaba.

—Con el tiempo, pensaba usted en asesinar también a su mujer.

—Nunca oí nada tan raro. Siga, comisario. Ha conseguido interesarme. He dicho que le oiría en serio, y haré lo posible. ¿Tiene pruebas de tal acusación?

—No. Confieso que no. Ni de ésta ni de las muchas acusaciones que voy a hacer. Lo que yo quiero es que usted pruebe que no es culpable de ése y de los otros crímenes.

—No puedo probarlo. Si me pregunta donde estuve aquella noche, le diré que no lo recuerdo. Y, si lo recordara, segura estoy de que no serviría para defenderme. ¿Qué más?

—Dos meses después, usted pudo subir al tejado de aquella casa y empujar una parte sobre el miembro del Consejo de Administración, cuando el hombre pasaba por abajo.

—Sí. Pude. Pero no puedo probar que no lo hice. Sin embargo, vuelvo a preguntar para qué.

—Por el mismo motivo que en el caso de la secretaria.

—Bien. Adelante. Continúe. ¿De qué otros crímenes soy culpable?

Me preocupa lo tranquila que está. Pero pienso que, si no fuera culpable, no estaría solamente seca y seria, sino que, con más o menos malos modos, ya me hubiera echado de la casa. Así, tal como van las cosas, o se siente verdaderamente tranquila, y sigue mi juego por diversión, o quiere saber cuánto conozco para acusarla con base real.

Continúo:

¿Tenía usted coche, antes de casarse con el señor Boch?

— ¡Qué pregunta más rara! —se interesa—. Sí lo tenía. Un pequeño "Seiscientos". Lo compré cuando aún era secretaria en la fábrica.

—¿Tomó clases de conducir?

—Naturalmente.

—¿Y de motores y mecánica de coches?

—Ya sé a dónde quiere ir con esas preguntas. Siempre me gustó saber cómo funciona un coche. Y lo aprendí muy bien hace mucho tiempo. Así, pude estropear los frenos del coche con el que se mató el Jefe de Personal de la fábrica.

—Fue a los ocho meses de crearse la empresa —marco—. Tres meses después de lo del tejado. Cinco meses después de que muriera la secretaria. Usted pudo bajar al aparcamiento y estropear aquellos frenos.

—Sí. Pude.

—También pudo causar el fuego en la fábrica. Hubo cinco heridos. Fue dos meses después del accidente del coche. Y, otros dos meses más tarde, otro accidente de coche. Murió un miembro del Consejo de Administración. Pudo hacerlo usted. Y también pudo robar aquel dinero en casa de otro miembro del Consejo. ¿Usted visitaba la casa de aquel hombre?

—Había ido varias veces, para llevarle documentos a la firma. Y, en alguna de estas visitas, él abrió su caja fuerte delante de mí. Pude haber aprendido el número. Y pude haber conseguido copia de sus llaves.

—¿Confiesa? —sonrío.

—Confieso que pude —sonríe también—. No que lo hiciera.

Sonreímos. Estamos jugando como el gato con el ratón, aunque yo no sabría decir cuál de los dos es el gato y cuál es el ratón. Sigue hablando ella:

—En todo lo que ha dicho, comisario, es verdad que pude ser culpable, aunque usted no tenga modo de probarlo. Tampoco yo tengo modo de probar que no. Estamos iguales. Supongamos además que el motivo, el mismo para todos los casos, fuera ése tan raro que usted me ha explicado al principio. ¿Sí?

—Sí. De acuerdo.

—Entonces —continúa—, siendo todo eso verdad, también tenía que ser yo quien matase a la mujer de Serafín; quien robara luego en la fábrica, asesinando al vigilante; quien causara el paro de corazón al Jefe de Ventas de la empresa, cuando estaba enfermo en su casa; quien mató del mismo modo al viejo sirviente de Serafín, hace dos meses; quien mató a Raúl hace un mes... ¿Me acusa también de todo esto, comisario?

E. Jarnés Bergua

—Pudo hacerlo.

—Si lee los informes de la policía, sabrá que no pude. En cada uno de estos casos, yo estaba, siempre, en otro lugar. Hay testigos. Y, si mis motivos para los crímenes anteriores a la muerte de María eran conseguir que Serafín se viera solo y necesitado de amor, ¿cómo es que luego no soy culpable de los crímenes que dejaban a Serafín completamente solo conmigo, para casarme con él y ser su heredera única?

Yo estaba seguro de que Carmen no se dejaría sorprender. La razón que me da es lógica. Perfecta. Demasiado perfecta. Como si la tuviese preparada y aprendida.

—Aun así —digo—, pudo ser usted culpable.

—¿De qué modo?

—Con un *cómplice*. Alguien lo hizo por usted. Por orden de usted.

—Comisario, por favor... —suspira—. Si me considera tan *inteligente* como para haber hecho todo eso, ¿me supone ahora tan *tonta* como para buscar y pagar a un cómplice? Un cómplice sería un peligro para toda mi vida.

Sí. Esto es cierto. Sin embargo, la idea del cómplice me gusta. ¿Y si Carmen no lo buscó, sino que...? Tengo que meditar sobre ello. Ahora Carmen me pregunta:

—¿Cree también que pienso matar a Serafín?

Hay algo raro en su voz. Interés, preocupación. Si contesto que así lo creo —y si ella es de verdad culpable—, cuando yo me vaya llamará por teléfono al cómplice y estarán prevenidos los dos. Por eso, prefiero que me considere poco ágil de mente.

86

—No. Yo creo que usted ha pensado una cosa mejor: Que su marido se quite la vida él mismo.

Entonces, comisario, ¿por qué le pido a usted que ponga policías vigilando y cuidando a mi marido? ¿Por qué procuro que nunca se quede solo?

Yo le diría por qué: Para que nadie pueda sospechar de ella cuando muera Serafín. Pero no se lo digo. Carmen no debe saber que yo he llegado a esta idea. Sonrío y me pongo en pie.

—Bien, señora. Ya veo que Serafín Boch no está en peligro. *Perdone* todo lo que le he dicho. Era un modo de estar yo seguro. Ya sabe... Soy policía... Mi deber es sospechar y guardar la vida de las personas.

—Entonces, ¿no sospechaba de mí? ¿No me acusaba realmente?

—Claro que no. Perdóneme. Sólo es que... Buscaba una posibilidad de que alguien... Compréndame. Hablando se pueden saber cosas en las que no se hubiera pensado antes.

—¿Y ha sabido algo así?

—No. Y por eso me voy tranquilo y alegre. Adiós, señora. Buenas noches.

Se queda con aspecto de duda. Yo salgo hasta esta calle poco iluminada, sin apenas movimiento, que pasa entre hotelitos con jardines y que tiene nombre de un río. Por ella llego hasta la calle de Serrano.

Voy pensando en cuánto he faltado a la verdad. Porque sí sospecho de Carmen, sí creo en un cómplice —aunque al contrario—, sí creo que quieren matar a Serafín Boch.

Un cómplice pudo, ayudado por los informes que Carmen le diera, matar a María, robar en la fábrica, causar los paros de corazón en el Jefe de Ventas y en el sirviente, asesinar a Raúl...

Pero habría de ser un cómplice de quien sea imposible sospechar y que, sin embargo, conociese a Raúl... Suspiro. Será un trabajo muy largo buscar entre todos los conocidos de Serafín y de Carmen.

Volveré a mi despacho. Allí, más tranquilo, en silencio, pensaré mejor. Y veré si tengo más datos que pongan luz en mis ideas.

VIII

En mis oficinas solamente queda el personal de guardia. Sobre la mesa encuentro un papel en el que se me dice que ha llamado el policía encargado de vigilar a Serafín. Nada nuevo importante. No ha habido visitas en casa de Serafín. A primera hora de la tarde se han ido Carmen y Laura. Sobre las seis, ha vuelto Carmen. A las ocho ha salido Serafín para ir a la iglesia...

Pero todo esto ya lo sé yo, sin haber vigilado la casa. Tomo el teléfono y pido a una cafetería que me traigan algo para cenar...

Pasan dos horas. Menos la media hora que he necesitado para comer, todo el tiempo he estado a oscuras, en silencio y solo, meditando. Voy haciéndome un cuadro con todos los datos que tengo. Este cuadro es como uno de esos juguetes con una pintura o dibujo, cortado en piezas, en el que se deben colocar luego las partes de modo que el dibujo quede construido de nuevo.

Yo he puesto casi todas las piezas en el lugar que a mí me parece lógico, según la idea que de este caso me he fabricado. Pero alguna pieza no va bien con el total o aparecen huecos que no puedo llenar.

Si estoy en lo cierto, estos huecos se llenarán y todas las piezas tendrán sitio lógico en cuanto yo tenga los datos que debo encontrar aún.

Son más de las once. Quizá sea mejor marcharme a casa y dormir. Muchas veces, después de un buen descanso, por la mañana encuentro resuelto un problema que la noche anterior me parecía imposible. Ahora, lo que más me preocupa en el asunto del cómplice. Porque, desde que alguien robó en casa de aquel miembro del Consejo, en todos los casos ocurridos después, incluso la muerte de María, no sólo Carmen tuvo testigos de que estaba en otro lugar, sino también Víctor y Laura y Julio y... el mismo Serafín.

¿Un cómplice de Carmen? ¿Quién? ¿O Carmen no es culpable? ¿O no hubo ningún crimen y todo es una ilusión de mi mente de policía?

El teléfono llama cuando ya estoy dispuesto a salir. Contesto la llamada. Es la voz de Pablo Ruiz la que oigo. Una voz preocupada, aunque intenta parecer alegre.

— ¡Marcos, mi querido comisario! ¿Es que nunca descansas?

— ¡Pablo, mi querido doctor! Tú dices que los policías y los médicos somos iguales en esto del trabajo. Todas las horas del día pueden traer enfermos o criminales.

—He llamado a tu casa y me han dicho que no has ido a cenar. Por eso he pensado que quizá estarías en tu despacho... Claro que también hubieras podido estar por ahí..., divirtiéndote.

—Bien, Pablo. ¿Qué te ocurre? Algo te preocupa, ¿verdad?

—Sí, buen policía. Pronto lo has comprendido.

—¿Quieres hablarme de Serafín Boch? —pregunto.

—Pues... sí. Hay un par de cosas que debes saber. Y no quiero irme a la cama sin decírtelas. Verás: Yo...

—Espera —le corto—. ¿Estás en casa?

—Sí.

—¿Muy cansado?

—No. ¿Por qué?

—Yo sí estoy cansado pero he de salir a la calle para ir a mi casa. ¿No te importa si paso por la tuya y hablamos un rato?

Le parece muy bien. Yo he recordado ahora que tengo una pregunta para el doctor Ruiz, como profesional. Y su casa no me aparta mucho del camino hacia la mía. Prefiero hablar personalmente con Pablo, en vez de utilizar el teléfono.

Apenas diez minutos después, llamo a la puerta del psiquiatra. El mismo Pablo me abre.

—No he debido venir ahora —le digo—. Es muy tarde. Incluso ya se habrá ido a dormir tu sirviente.

—No tengo sirviente —sonríe—. Sólo la enfermera que atiende a los clientes en las horas de visita.

Esto me recuerda lo que ya pensé ayer. Que tiene la casa poco cuidada. Pablo ve la mirada rápida que dirijo a las paredes, y sonríe.

—Sí, Marcos. Es que procuro ahorrar. No creas que me va mal. Tengo muchos y muy buenos clientes. Pero no siento ilusión por este piso. Ya sé que debería cuidarlo un poco...

—¡Oh, sí! Recuerdo. Sigues con el deseo de construir una clínica.

Se le alegran los ojos. Le gusta mucho hablar de su sanatorio futuro. Me hace pasar a su despacho y me enseña unos planos. En uno, en el de la fachada principal, están esas letras de oro que, según me dijo hace más de un año, pondrá sobre la puerta: "SANATORIO DEL DOCTOR RUIZ. CLINICA SIQUIATRICA".

Sonriendo, le miro.

—Bien, Pablo, bien. Estoy seguro de que al fin lo conseguirás.

—Aunque quizá sea ya muy viejo cuando lo consiga —suspira—. Y lo peor es que no tendré un hijo para que lo herede.

—Si te hubieras casado...

—Si me hubiera casado no hubiera podido ahorrar para el sanatorio. Había que elegir. Familia o sanatorio. Hace tiempo que tengo estos planos. Los pagué con mis primeros ahorros. Ya he comprado también el terreno. Cerca de Colmenar, en el campo.

—De todos modos —digo, golpeándole amistosamente la espalda—, deberías arreglar un poco esto. A los clientes les gusta encontrar un recibidor con aspecto agradable.

—Sobre todo, a mis clientes, que son tan raros —ríe—. Tú los conoces bien. Haré lo que me dices. Por lo menos, pintar el piso. Hace demasiado tiempo que lo pinté la última vez.

—Un siglo, Pablo.

—No, hombre —vuelve a reir—. Pero, ahora que me lo recuerdas, casi hace unos cuatro años. Quizá.

Yo creo que sobra el "casi". Y también sobra el "quizá". Pero Pablo me pone una taza de café, junto al sillón, sobre una mesita, y él se sienta frente a mí.

Le gusta hablar de su sanatorio. Me cuenta cómo será, qué clase de sistemas usará con sus enfermos...

Tan contento está que, si no le corto, continuaremos toda la noche hablando de lo mismo.

—Bueno, Pablo. ¿Por qué me has llamado? ¿Qué te preocupa?

Pablo se queda en silencio. Vuelve a la realidad. Seria ya su cara, se levanta y sirve dos copas de coñac.

—Sí, sí... —suspira—. Ese asunto de Serafín Boch...

—Comprendo. Te ha llamado Carmen.

—Bueno, sí. Pero también Víctor Boch. Y Julio Marín, el novio de Laura. Todos se quejan de que estás llevando este asunto como si fuera un caso de crímenes, y como si sospecharas de todos ellos.

—Así es. ¿Tú crees que no?

—Yo no soy policía —contesta Pablo, dudando, con la cabeza baja—. Pero ayer me hiciste unas cuantas preguntas y...

Se calla, suspira, bebe un poco de coñac. Le animo.

—Adelante, Pablo. Dímelo. Has estado pensando. ¿Cuál de ellos te parece que da más motivo para sospechar? ¿Laura, Julio...?

—No es posible que sean esos muchachos culpables de algo malo.

—¿Carmen?

—¿Qué puedo decir de Carmen sin conocerla? Pero, si alguien podría desear que desaparezca toda la familia Boch, ella sería la más beneficiada.

—¿Y Víctor?

—También, claro que sí. El día en que me llamó

por teléfono para decirme lo que había ocurrido con Raúl, parecía demasiado tranquilo. Tenía demasiado interés en que no dijéramos a Serafín que Raúl había muerto asesinado.

—¿Ah, sí? ¿Y cuál podría ser la causa de tal interés?

—Que Serafín siguiera creyendo en su mala suerte, y no en la intervención de manos asesinas en el caso de Raúl y en otros casos.

—Sin embargo, tú les dijiste que Serafín debía creer en la muerte por accidente. Que no hablaran a Serafín del cuchillo clavado en la espalda de Raúl...

—Sí. Me pareció buena idea entonces. Pensé que, para los nervios de Serafín, podía resultar grave poner un asesinato en sus preocupaciones. Temí lo que podría ocurrir cuando Serafín supiera que habían matado a Raúl con el cuchillo que le había regalado él. Incluso pedí a los policías que no dijeran la verdad a Serafín.

Ya... —sonrío—. Eso fue lo que te pareció buena idea entonces. Pero luego, has estado pensando...

—Sí. Mucho. Desde ayer. Desde que me hiciste algunas preguntas y comprendí que sospechabas algo feo en este asunto. Y he llegado a temer que entonces me dejé influir. Debí decir la verdad a Serafín. Debí decírselo yo mismo, y hacerle ver que aquello no era un caso más de mala suerte, sino la obra de un asesino ladrón. Hubiera sido un duro golpe para Serafín, pero quizá le hubiese apartado un poco del camino hacia la locura...

—Bueno, bueno, Pablo... —le digo, sonriendo, procurando que vuelva a estar tranquilo—. Ahora eres tú quien parece caminar hacia la locura. No te sientas culpable, puesto que nada ha pasado como consecuencia de aquello.

—Serafín puede quitarse la vida, Marcos...

—¿Tú crees?

—Nunca he visto un hombre con más deseos de matarse. Y todos me piden que hable contigo. Que influya en ti, para que pongas alguien que vigile a Serafín.

—¿También tú quieres que cuide a tu cliente la policía?

—Sí. Aunque sólo sea para que no sigan pidiéndomelo. ¿Qué decides?

Ya veo que Pablo no sabe medir sus palabras y dice más de lo que conviene. Así que prefiero no confesarle que ya he puesto vigilancia sobre Serafín. Podría decírselo a los otros. Y estoy seguro de que Serafín "se matará", en cuanto "alguien" sepa que hay policías vigilándole.

—De momento, nada. No puedo hacer eso, Pablo.

—Bueno... —suspira—. Tú te harás cargo de las consecuencias. No será culpa mía lo que ocurra.

—Naturalmente. No te preocupes. ¿Qué más querías decirme?

—¡Oh, sí! En realidad te había llamado para otra cosa. Es cierto que tus preguntas de ayer me han hecho pensar. Quizá sospechas con motivo. No lo sé. Tengo como una niebla en las ideas. Pero he recordado algo que contesta a una de las preguntas que me hiciste.

—¿Sí? ¿A cuál?

—Te interesaba saber por qué los Boch acudieron a mí como psiquiatra. Si me conocían. Pero, sobre todo, si sería posible que hubieran venido a mí porque tengo un amigo policía. ¿Te sigue interesando esa pregunta?

—Sí.

—Tú sabrás por qué. Pero, pensando y pensando, he llegado a recordar que alguno de ellos podía conocer ese dato. ¿Cómo? Un momento, Marcos.

Se levanta, va al armario y saca una revista de hace más de un año. La que tiene aquel reportaje que escribimos Pablo y yo sobre Psiquiatría Criminal. Están nuestras fotografías...

— ¡Mira! ¿Lo ves? Cualquiera que haya leído esto, sabe que nos conocemos. Aunque no comprendo para qué podía querer un posible asesino que el psiquiatra de Serafín tuviera un amigo policía, ya ves que tu pregunta queda contestada.

Está muy contento. Cree que ha sido de gran ayuda para mí. No quiero quitarle la ilusión, pero esto ya lo había pensado yo. Hago como que se lo agradezco mucho, le digo que ha tenido una idea estupenda y me despido. Va conmigo hasta la puerta del piso. Me pregunta, antes de que yo empiece a bajar:

—Marcos... ¿De verdad crees que hay una mano asesina en todo esto?

—Sí —contesto muy serio.

—¿Y de quién sospechas?

—De Carmen. De la mujer de Boch.

Suspira y mueve la cabeza tristemente.

—Comprendo... Sí... Es lo más lógico, si está ocurriendo lo que tú supones.

Me gusta el aire fresco de la noche. Es agradable respirarlo. Si no fuera tan tarde y si no tuviera mi coche aquí, en esta calle, iría andando hasta mi casa.

Es cierto lo que ha dicho Pablo. Si está ocurriendo lo que yo supongo, es lógico sospechar de Carmen.

Pero Pablo no sabe que ya no sospecho. Ahora sé. Ahora estoy completamente seguro de que está ocurriendo lo que yo pienso, y de que Carmen es culpable.

Sólo me falta probarlo. Un policía no puede acusar de crimen, sin probar que el acusado es culpable.

Esto será lo más difícil. Pero ya encontraré un modo de conseguirlo.

Debo esperar. Mañana, cuando tenga más datos en mi oficina, quizá se resuelva solo el problema.

Estoy muy triste. Siempre me producen pena los criminales, pero mucho más cuando son personas con la mente enferma, como en este caso.

¿Carmen está *loca*? Bueno... Eso tendrá que decirlo un psiquiatra.

XI

Ya lo ha dicho un psiquiatra. En realidad lo dijo hace más de diez años, cuando Carmen era una jovencita y fue acusada de robo con intento de asesinato. Había sido acusada ya otras veces, antes, por cosas de menos importancia: Pequeños robos, el fuego en que ardió parte de un almacén, estropear una máquina de obras en la calle, pegar a una mujer...

Todas estas cosas habían sido motivo para que la tuvieran en un *reformatorio*. Pero, cuando salió y robó en una tienda, golpeando primero en la cabeza, con una pala, al dueño que estaba durmiendo, el asunto fue mucho más serio. El abogado que la defendió hizo que la viera un médico. Este pudo demostrar que la acusada sufría una especie de locura y que no sabía qué son el bien y el mal.

Tenía Carmen veinte años entonces. La llevaron a un sanatorio psiquiátrico llamado "Santa María de la Merced". Allí estuvo mucho tiempo, hasta que los médicos decidieron que ya estaba curada, que su mente había nacido a la vida normal, que tenía una nueva educación.

E. Jarnés Bergua

En el sanatorio había sido muy buena chica. Y aprendió muchas cosas. Entre ellas, todo lo necesario para ocupar un puesto de secretaria. Cuando dejó el sanatorio le dieron un empleo donde pudiera estar vigilada. Pasado un año la consideraron completamente curada, y ningún médico se preocupó más por ella.

Luego pasó a ser secretaria en la fábrica de pinturas de Serafín Boch. Hace ya seis años de esto.

Así pues, fue un psiquiatra quien dijo una vez, a petición de un abogado, que Carmen estaba loca. Y otro psiquiatra decidió más tarde que Carmen ya no estaba loca. Yo creo que este segundo psiquiatra se *equivocó*. La locura de Carmen continúa, sólo que ahora ella es más inteligente y aprendió la necesidad de tener mucho cuidado.

Ya no tengo dudas. Carmen es culpable de todo lo que pasó desde que fue creada la empresa de ventas. Quizás alguna de aquellas desgracias fueron de verdad sólo accidentes, pero ayudaron a que Serafín y sus empleados creyesen en la mala suerte que aquel hombre llevaba con él desde niño.

Sin embargo, es verdad también que Carmen no puede ser acusada de la muerte de María ni de lo que después ha ocurrido. Pero tampoco Víctor ni Laura ni Julio.

¿Un cómplice? Sí, sí. Pero, ¿quién?

Estos informes sobre la vida de Carmen han llegado a mi mesa de la oficina poco más o menos a las doce de este nuevo día. Con ellos, el secretario me ha traído otros, también interesantes.

Por ejemplo, lo que ha sabido el policía de Barcelona, en el pueblo donde nacieron y pasaron los primeros años de sus vidas Serafín, Víctor y Juan Boch, con su padre sastre-agricultor. Este policía ha podido hablar con personas que fueron compañeros de juegos de los Boch. Y con otras gentes mayores de lo que ahora son Víctor y Serafín.

Me gustaría leer este informa al seco y agrio Víctor, para explicarle que la policía encuentra siempre la verdad, y para decirle unas cuantas cosas que serían muy poco agradables para él. Ahora resulta que fue Víctor quien se divirtió mucho, siendo un muchacho, diciendo a todos que su hermano Serafín dejaba la mala suerte allí donde pisaba o miraba.

Es falso que le defendiera. Lo cierto es que Víctor fue culpable de que Serafín llegase a creer en la mala suerte que a su alrededor se presentaba. Por lo tanto, no dudo que ha hecho lo mismo en estos últimos años. Al menos hasta conseguir que Serafín tuviera que dejar los negocios en manos de su mal hermano Víctor.

Y en esto, Víctor, en cambio, ha tenido buena suerte para cumplir sus deseos: Carmen le ha hecho fácil el camino. Ella, buscando el modo de conseguir lo que quería, encontró ayuda en Víctor que procuraba poner el miedo en los empleados de la fábrica y de la empresa. Víctor, deseando apartar de sus negocios a Serafín, encontró lo que no esperaba: Una serie de desgracias causadas por Carmen.

Está claro. Sin saberlo se ayudaron el uno al otro.

¿Sin saberlo? Quizá él comprendió lo que hacía ella. Y ella lo que hacía él. Y continuaron el juego, sin decirse nada. Sin ponerse de acuerdo.

¿Sin ponerse de acuerdo? Supongo que sí. Estoy

seguro de que, aun comprendiendo el uno lo que hacía el otro, nunca hablaron de ello. ¿Para qué? Los dos necesitaban ser muy cuidadosos. Les convenía callar y no estropear la situación con acuerdos nada útiles.

Pero todo esto, que ya no estoy suponiendo, sino dándolo como seguro y cierto, necesito comprobarlo.

¿Cómo?

Son las dos. Antes de irme a comer, llamo por teléfono a Víctor Boch. Está en la fábrica. Come allí. Sólo quiero preguntarle un par de cosas:

—¿Fue Carmen quien declaró que el cuchillo que mató a Raúl era un regalo de su padre?

—No, comisario. Si quiere acusar de algo a Carmen, tendrá que buscar por otro lado. Todos conocíamos aquel cuchillo. Y estábamos juntos cuando nos lo enseñó un policía.

—¿De verdad fue usted quien pidió al doctor Ruiz que fuese a la reunión de familia en la cafetería?

—Sí. Yo.

—¿Le dijo que irían todos allí?

—No lo sé. No lo recuerdo. Bueno... Creo que di mi nombre y el nombre de la cafetería, para que pudiera encontrarse conmigo. Pero ya van tres preguntas, comisario, y mi comida se enfría.

Cuelga el teléfono.

Ahora no puedo dejar para más adelante la visita a Serafín. Creo que ya tengo de él una idea suficientemente clara. Y creo que también la tengo sobre este caso. Terminaré de pensarlo durante la comida.

* * *

Por el informe que ayer me dio el policía que vigila sus movimientos, sé que Serafín suele dormir algo más de una hora, en su jardín, bajo un árbol. Así pues, son las cinco y media cuando llego a la casa de Serafín. Desde la reja exterior, le veo pasear, con la cabeza baja, muy despacio, con un libro religioso en las manos.

Voy a la puerta principal y llamo. Abre una sirvienta. Al saber que soy policía y que no quiero hablar con la señora, sino con el señor, se pone muy nerviosa, lo cual yo aprovecho para entrar rápidamente y pasar hasta el jardín.

Ya he podido ver antes que Serafín es casi tal como yo suponía: Pequeño, gordito, cara más bien blanca de hombre que toma poco el sol, una sonrisa tranquila y triste... Viste ropas negras. No puedo creer que Carmen haya estado alguna vez enamorada de Serafín. Habla en voz baja que es casi un suspiro temeroso.

—¿Qué desea usted, señor?

Me mira sin preocupación. Me acerco a él y le doy la mano.

—Soy el comisario Marcos Alcázar. Quiero hablar con usted, si me lo permite, don Serafín.

—¿Un policía? —pregunta, ofreciéndome un silloncito para que me siente—. Supongo que ha ocurrido algo malo. Pero ya nada me sorprende. Por favor, dígame pronto quién ha muerto. ¡Dios mío, que no sean Carmen o Laura o Víctor...!

—¿Por qué piensa que le traigo malas noticias?

Estamos los dos sentados. El apoya las manos y el libro religioso sobre las rodillas. Contesta:

—Siempre. Toda mi vida, he recibido malas noticias. Porque siempre, siempre, desde que era chico, han ocurrido desgracias cerca de mí. Tenga cuidado, comisario. Puede pasarle algo, simplemente por haber hablado conmigo.

—Es posible, pero no porque usted dé mala suerte, sino porque alguien tema que, después de hablar con usted, yo sepa quién es el asesino.

—No le comprendo. ¿Quién ha muerto asesinado?

—Muchas de las cosas que usted creyó accidentes o desgracias fueron crímenes, don Serafín. O yo estoy equivocado.

—Usted está equivocado —suspira Serafín, moviendo tristemente la cabeza a los lados—. Yo nunca he tenido malas personas a mi alrededor.

—Busco datos para saber si estoy o no equivocado. Y también quiero hacerle ver que todo eso de la mala suerte no es verdad. Por ejemplo, usted ha ganado mucho dinero.

—Yo sí. Los demás no. Mi mala suerte es para los demás. No para mí, personalmente. Ya ve. Mi hermano Juan, el padre de Laura, se quedó pobre. También Víctor ha perdido lo que tenía. Yo procuro ayudar, pero nada consigo.

¡Cuántas cosas se aprenden hablando! Ahora resulta que Víctor no es rico como él dice. Sigamos aprendiendo:

—¿Por eso ha dejado a Víctor la dirección de sus negocios?

—Sí. Aprovechando que nadie me quiere, por

miedo a la mala suerte, puse a Víctor en unos cargos que pueden darle el dinero que perdió.

Este Serafín es un hombre demasiado bueno para tan mal hermano como es Víctor. No sé cómo decírselo ni si debo decírselo, ni si me creerá cuando se lo diga. Después de una corta duda, le pregunto, de modo que no resulte sospechoso:

—Allá, en el pueblo, cuando usted y sus hermanos eran todavía muchachos, ¿quién hizo creer a los vecinos que daba usted mala suerte a quienes le conocían?

—Comprendo que ha estado buscando en el pasado, comisario —sonríe Serafín, sin sorprenderse—. Le contestaré. Fue mi hermano Víctor. Lo supe y nunca se lo dije. Yo entendía por qué lo hacía. En Cataluña es costumbre que sea único heredero el mayor de los hermanos. Yo era el mayor. A Víctor no le gustaba mucho yo por eso. Pero me pareció cosa natural y siempre lo perdoné. Además, cuando... murió...

Hay un silencio. En los ojos de Serafín se nota el dolor de recordar. Luego continúa:

—Cuando murió mi padre, yo repartí todo en partes iguales para los tres hermanos. Sé que, en estos últimos años, Víctor ha hecho lo mismo que entonces. No necesitaba hacerlo, porque yo estaba decidido a regalarle la empresa de ventas... Pero se adelantó a quererla tener por sus propios medios, antes de que yo se lo dijera. Y también la fábrica...

En verdad Serafín es un santo. Estoy tan sorprendido por lo que oigo que no sé qué pensar. Ni qué preguntar. Serafín se ha levantado y se aparta un poco, con la cabeza baja. Suspira otra vez y sigue hablando:

—Por eso le dejé la dirección de la empresa y de la fábrica. Víctor lo necesitaba, y yo... Bueno... Yo tengo bastante dinero y no se me terminará aunque viva muchos años. Además, estaba muy triste y muy solo, quería casarme con Carmen y vivir tranquilo, aquí... Pero la desgracia me sigue a todas partes. Ha muerto mi hijo. Y temo por Laura, por mi mujer, por todos... Si perdiese a Carmen, sería terrible.

—¿Qué haría, entonces?

—Irme a un convento. ¿Sabe? —y me enseña su librito negro—. Esto me ha dado fuerza siempre para sufrir las desgracias. Soy un hombre muy religioso. Nunca me faltará esta fuerza. También me sirve para comprender a los demás y perdonarlo todo. ¿No los perdona Dios? ¿No necesito yo también que me sean perdonadas muchas cosas?

Este hombre es demasiado bueno. Por eso nadie le quiere. Carmen tampoco. Bien seguro estoy de que no.

—Hablemos de Carmen —digo de pronto.

—¿Y qué me dirá usted de Carmen? ¿Que hace años pasó por un reformatorio y que luego intentó matar a un hombre para robar en una tienda? ¡Pero si ya lo sé! Si ella misma me lo contó, dato por dato, y me enseñó el certificado que le dieron en el sanatorio, cuando salió curada... Ya sé que no fue mala, sino enferma de la mente. Y ahora no está loca, comisario. Es la mujer más buena del mundo. Me cuida y hace por mí lo que nadie haría...

Cada vez estoy más sorprendido. Creo que debí venir antes para hablar con este hombre. Serafín, como, si deseara quedarse solo, me dice unas cuantas cosas que tienen aspecto de final para la entrevista.

—No, comisario. Deje de buscar. Quizá mi hermano hizo mal acusándome de dar mala suerte a todos, pero me acusaba con razón, porque esa es la verdad. Reparto desgracias entre quienes me conocen. A mi alrededor no hay crímenes. No busque más. En cuanto a Carmen, no se casó conmigo por mi dinero. No gasta, no pide, no lleva joyas ni vestidos caros... Le doy cien mil pesetas cada dos meses, y ella las usa en obras para beneficiar a gente pobre.

—¿Qué obras?

—El Señor dijo que ni la mano izquierda debe saber el bien que hace la derecha. Carmen no tiene por qué dar explicaciones en eso. Yo no se lo permitiré, si se lo preguntan.

Me voy de aquí, seguro de una cosa que, en realidad, ya sabía: Serafín Boch no tiene el menor deseo de matarse. Nunca se quitará la vida. Nunca.

Entonces, no hay duda, quieren matarlo. Mi deber es no permitir que lo maten. Pero necesito probar mi acusación contra los asesinos, antes de que terminen su obra, su serie de crímenes.

X

Son las ocho, y de noche ya. En mi despacho, sobre la mesa, tengo todos los datos del caso, escritos en pocas palabras. Y una fotografía de Carmen, sacada del informe que se hizo cuando ella fue acusada de robo y de intento de asesinato.

Son dos papeles. He escrito en el primero:

Hechos ocurridos desde que Serafín creó la empresa de ventas.

(La fecha O es el momento de crear la empresa. Todas las demás van referidas a ese momento)

Número	Año	Mes	Hecho
1	-1	0	— Carmen empieza como secretaria de Serafín, en la fábrica de pinturas.
2	0	0	— Se crea la empresa. Carmen pasa de secretaria a la empresa de ventas de pinturas.

Número	Año	Mes	Hecho
3	0	3	— Muere por gas la secretaria de la fábrica. Pudo ser culpable Carmen.
4	0	5	— Resulta herido, por caída de parte de un tejado, un miembro del Consejo. Pudo haberlo hecho Carmen.
5	0	8	— Muere el Jefe de Personal de la fábrica, en accidente de coche. Pudo ser Carmen la culpable.
6	1	0	— Fuego en la fábrica. Cinco obreros heridos. Pudo hacerlo Carmen.
7	1	2	— Muere un miembro del Consejo en accidente de coche. Pudo hacerlo Carmen. Empieza el miedo en el personal de fábrica y empresa.
8	1	10	— Roban en casa de un miembro del Consejo. Pudo hacerlo Carmen.
9	2	1	— Muere, al caer por el hueco del ascensor, María, primera mujer de Serafín. En este caso y en los que siguen, no pudo ser culpable Carmen. Ni Víctor ni Laura ni Julio.
10	3	2	— Muere, por pararse su corazón, el Jefe de Ventas. ¿Muerte natural?

111

Número	Año	Mes	Hecho
11	3	4	— Serafín deja sus negocios a cargo de Víctor. Carmen sigue con él, como secretaria particular.
12	3	6	— Serafín se casa con Carmen.
13	5	4	— Muere el sirviente de Serafín, por pararse su corazón, Llaman a un psiquiatra —Pablo Ruíz—, porque Carmen teme que Serafín quiera matarse.
14	5	5	— Muere Raúl, hijo de Serafín, asesinado en el campo.
15	5	6	— La familia de Serafín pide al doctor Pablo Ruíz que llame a un policía para que cuiden a Serafín.

* * *

Estos son los hechos principales. Y, estudiando las *fechas,* veo cosas interesantes que me hacen estar más seguro de mis ideas.

En el otro papel he escrito lo que podríamos llamar un dibujo del asesino. Mejor dicho, del cómplice de Carmen; de la persona que hizo todo lo que no pudo hacer ella desde el número 9 incluso.

¿Cómo ha de ser el cómplice de Carmen?

A.—Inteligente, que pudiera pensar cómo matar a María, de modo que pareciera un accidente.

B. Con fuerza y valor, para saltar por terrazas, empujar a María, matar al vigilante de la fábrica, matar con un cuchillo a Raúl...

C.—Muy conocido de Carmen, a quien Carmen daba los datos sobre costumbres de María y de Raúl, de la fábrica y su vigilante y del modo de abrir las cajas fuertes. También pudo ser este cómplice quien robó en el caso número 8, con datos dados por Carmen.

D.—Quizá fue una persona que "supo" lo que estaba haciendo Carmen y "por algo" la obligó a tomarle como cómplice.

E.—Los casos de muerte del Jefe de Ventas y del sirviente de Serafín, por enfermedad del corazón, pudieron ser naturales. Si fueron asesinatos, el asesino tuvo que darles algún producto de farmacia que fuese malo para ellos. ¿Cómo? Al sirviente, por medio de Carmen, quizá. Pero, ¿cómo al Jefe de Ventas que no quería medicinas? Se lo preguntaré a un médico.

F.—El cómplice había de ser una persona conocida de Raúl, puesto que Raúl le dejó acercarse y tomar el cuchillo. Incluso le permitió ponerse a su espalda.

G.—Es alguien que puede ganar mucho dinero ayudando a Carmen en sus planes. ¿Qué dinero? Hasta ahora el que robaron en casa de un miembro del Consejo y en la fábrica. Y el dinero que Serafín ha dado a Carmen. Ella no lo emplea en beneficiar a los pobres, sino que se lo pasa al cómplice. Esto me hace suponer que Carmen no tiene un cómplice por gusto, sino por fuerza.

H.—Por ello el cómplice pudo decidir que Carmen

113

no siguiese obrando por sí misma. Era peligroso, y lo comprenderían al fin los policías. Resultaba mejor obrar él, pues nadie sospecharía, y todo podría llevarse hasta el final.

L.—Carmen estuvo loca y continúa estándolo. El cómplice se aprovecha de esta circunstancia.

* * *

Cualquiera, en mi lugar, con estos dos papeles que tengo sobre la mesa y recordando lo que han dicho las personas que han hablado en estos tres días, sabría ya toda la verdad, como la sé yo. Alguien se ha equivocado tres veces. Suficiente para que no tenga que dudar yo al acusarle.

Pero no sé cómo probarlo. Para esto necesito que me ayude Pablo Ruiz. Le he llamado por teléfono, me espera, y a su casa voy, con estos dos papeles en el bolsillo.

Me recibe en el mismo gabinete, y pronto estamos los dos sentados, bebiendo whisky. Pablo lee la lista de los hechos y el otro papel. Luego me pregunta qué consecuencias saco yo de todo esto.

—Mira —le digo—. Los hechos 2, 3, 4, 5, 6 y 7 ocurren cada dos o tres meses. Carmen, en su locura, quería correr. Pero entre el 7 y el 8 hay ocho meses. ¿Qué paró los planes de Carmen? Ocurrió algo. Yo diría que fue entonces cuando intervino el que luego continuó los crímenes, en vez de Carmen. Además, hasta ese momento, Carmen no había robado. El 8 es un robo. ¿Por qué? Porque el cómplice quería dinero. ¿Qué piensas tú?

114

—Parecen suposiciones solamente, Marcos. ¿Hay algo más?

—A los tres meses, muere María. Luego, un año sin desgracias. Carmen lo necesita para que Serafín, con ella cerca, olvide un poco a María y sienta por Carmen, la buena y amiga secretaria que nunca le abandona, una especial afición que le haga considerarse enamorado. Al final de ese año, robo en la fábrica, muerte del Jefe de Ventas, hechos seguidos, con un mes entre los dos. ¿Por qué?

—Sí —se interesa Pablo—. ¿Por qué?

—Porque Serafín estaba ya "preparado" para que se casara con Carmen. Y así lo hizo, cuatro meses después. Lee los hechos 10, 11, 12 y 13. Ahora dejan pasar casi dos años, para que todos hayan olvidado a Serafín y su boda, para que no recuerden que hablaron mal de la secretaria pobre que se casaba con el jefe rico. Casi dos años, y muere el sirviente. Motivo para decir que Serafín quiere matarse y necesita un psiquiatra. Yo sé por qué los asesinos querían al psiquiatra en este momento: Para matar fácilmente a Raúl.

—Eso no lo entiendo —se sorprende Pablo.

—Yo sí —sonrío—. Ya te lo explicaré cuando tengamos tiempo. Sigamos. Muerto Raúl, se necesita un policía que vigile a Serafín "decidido a matarse". Así, el mismo policía podrá declarar que ya se esperaba la muerte de Serafín, que no era posible vigilarle mejor, que no se ha podido hacer nada...

—Entonces..., ¿por eso no pones vigilancia para Serafín? ¿Cómo crees que piensan matarle?

—No lo sé. Ni mi interesa. Lo que necesito saber es cómo le van a matar cuando estén seguros de que no le haré vigilar. Para eso necesito tu ayuda.

—Dime qué debo hacer —se ofrece Pablo, decidido.

—Díme tú primero. Al principio de tu carrera, ¿trabajaste como psiquiatra en el Sanatorio de "La Merced"?

—Sí.

Le enseño la fotografía de Carmen, hecha en aquel tiempo.

—¿Conociste allí a esta enferma?

—Déjame pensar... —duda—. No sé... La cara me resulta conocida...

—Claro. Es Carmen Sanz. La mujer de Serafín. Pero ahora recuerdo que no has visto a la mujer de Serafín. Sin embargo ella recuerda tu nombre. Y sabía —por las fotografías del reportaje— que tienes un amigo comisario de policía. Por eso hizo que te buscaran a ti como médico de su marido. Y por eso ha procurado que tú no la vieras.

—¡Dios mío! —suspira Pablo—. Eres un policía estupendo, Marcos. Nunca hubiera podido yo suponer todo eso... Y todavía no comprendo en qué puedo ayudarte yo.

—Tú puedes *hipnotizar*, ¿verdad? Es un modo de curar en tu profesión. ¿Puedes hipnotizar?

—Sí. Claro que sí.

—Pues vas a hipnotizar a Carmen. Estando hipnotizada, nos lo contará todo y sabremos el nombre de su cómplice.

Medita largo rato. Al fin, muy serio, me dice:

—En tu oficio de policía hay muchas cosas que no están permitidas, Marcos. Y sé que una de ellas es hipnotizar a los acusados para que confiesen.

—Si consigo saber el nombre del cómplice, ya encontraré luego el modo de que los dos sean acusados como debe ser, y de que confiesen como está permitido.

—No creía yo que fueras tan poco serio en esas cosas, Marcos. Pero hay otro inconveniente. Y es que yo sí cumplo los deberes de mi profesión. Y no está permitido hipnotizar a las personas si no están enfermas, si no es porque así se pueden curar y si no se ofrecen para ello. Yo no puedo hacer lo que me pides, Marcos.

—Bueno... —río—. Comprendo tus razones. Pero no importa. En la policía tenemos un médico maravilloso. Ha conseguido resultados estupendos hipnotizando a sospechosos. Les hace confesar hasta lo más oscuro de su espíritu. Mañana conseguirá lo mismo con Carmen.

— ¡Eso no está bien, Marcos!

—Peor está robar y matar —sigo riendo—. No te preocupes. Yo cargaré con la culpa. Buenas noches, Pablo. Cena y duerme tranquilo. Mañana lo sabremos todo.

* * *

Esta noche hay varios policías vigilando la casa de Serafín Boch. Y tienen un coche con radio. Yo, en mi despacho, con mi ayudante, leo y espero. Hay otra radio junto a mí. Y otra en el coche que está preparado abajo, en la calle.

Es oscura la noche. Negra. Fácil para los asesinos.

Esta noche yo creo que alguien necesita matar. Y quiero impedirlo. Si este crimen se comete, yo sería el culpable.

Llamada por radio. Son las tres de la mañana. La voz de uno de los hombres que vigilan la casa de Serafín empieza a dar informes.

—Carmen Sanz sale de la casa... Va con mucho cuidado. Teme que haya vigilantes o algún vecino. Pero no puede vernos. Abre la reja y sale a la calle. Nadie por los alrededores. Mira el reloj. Tiene el coche fuera. Lo ha sacado antes.

Sí. A las once, cuando había suficiente ruido para que nadie lo notara. Me lo han dicho por radio, en su momento. Ahora corro hacia la escalera, seguido por mi ayudante.

Entro en mi coche oficial. La radio está callada. El chófer me informa, mientras pone el coche en marcha:

—Parece que tiene un buen automóvil esa señora. Dicen que ha salido sin ruido. La están siguiendo hacia la Avenida del Generalísimo.

Yo hablo por radio.

Cuidado. Que no vea que la siguen.

—Ni lo piensa —contesta la voz en la radio—. Va preocupada por alguna otra cosa.

Continúan informando. El chófer de mi coche, de acuerdo con las noticias que llegan por radio, procura marchar veloz hacia la dirección seguida por los policías que van tras de Carmen. La mujer de Serafín conduce su coche por Cuatro Caminos y la calle de Reina Victoria. Según los informes, no corre mucho.

Nosotros sí corremos. Cuando estamos entrando en la carretera de La Coruña, antes de llegar a la Ciudad Universitaria, vemos el otro coche de la policía. Ni ése ni el que uso yo tienen aspecto oficial. Son como cualesquiera otros coches civiles o particulares. Nadie puede suponer quiénes somos.

Por eso, cuando Carmen, después de haber salido de la carretera y entrando en la zona de la Ciudad Universitaria, se para delante de un grupo de árboles, no sospecha de estos dos coches que pasan y se adelantan hasta desaparecer en la noche.

Vienen tres hombres conmigo. Dejamos los coches y, a pie, volvemos hacia donde se ha parado Carmen. Caminamos silenciosos, con pasos lentos. Pronto estamos cerca de los árboles y vemos a Carmen, fuera de su coche, mirando hacia la carretera, como esperando a alguien.

Esperando a su asesino. Ella no lo sabe, pero esa persona que la ha llamado para una entrevista en lugar tan apartado, ese hombre que viene solo, paso a paso, lento y callado, quiere matar a Carmen.

Yo sé quién es el hombre que nace de la oscuridad y anda sin ruido hacia Carmen, paso a paso. Y quien haya leído esta historia debe saberlo también, si ha seguido paso a paso mis preocupaciones, mis diálogos con los personajes.

Ya sabemos usted y yo, *lector,* quién es el hombre que viene para matar a Carmen, aunque no lo sospecha ella. Lo sabemos porque ese hombre se ha equivocado tres veces hablando conmigo. Y porque una vez ha dicho algo, sin querer. Algo que parecía no tener importancia y que, sin embargo, es un hecho que falta en la lista por fechas, entre los nú-

meros 7 y 8. Un hecho que yo no podía escribir en esa lista, porque debía leerla Pablo Ruiz.

Por eso no me sorprende lo que ahora ocurre. Delante de Carmen, el hombre se para. Los dos hablan en voz baja. Mira él a su alrededor. Nadie. Sólo noche oscura. Toma una mano de Carmen. Los dos desaparecen entre los árboles. En seguida oímos un corto grito de miedo y dolor. Cuando nuestras lámparas de mano dan luz al espectáculo, vemos a Pablo Ruiz con las manos en el cuello de Carmen que lucha por respirar.

Pablo la suelta. Comprende que de nada le serviría correr. Baja la cabeza y suspira. Carmen ha caído al suelo, y está sentada, mirándonos con unos ojos muy abiertos, no sé si de alegría o de sorpresa. Creo que no comprende nada.

* * *

Estamos en mi despacho. Junto a mí, dos policías. Delante de mí, Pablo Ruiz, blanca la cara, perdido todo ánimo de lucha. Carmen ha declarado ya la verdad. Lo más sorprendente es que Carmen no sospechaba lo peor de Pablo. Ella no sabía que Pablo mató a María y al Jefe de Ventas y al vigilante y al sirviente y a Raúl. Ella pensaba que todo aquello había sido consecuencia de la mala suerte de Serafín.

Porque Pablo, con facilidad para hipnotizar, le había dicho: "No continúes matando, Carmen. Deja que las cosas ocurran por sí mismas. Es verdad la mala suerte de Serafín Boch. Eso dejará libre tu camino hasta ser su heredera". Y Carmen sólo supo que Pablo había cometido los dos robos, con los datos que ella le dio.

El podía exigir. Cuando Pablo la encontró de secretaria en la empresa, la conoció en seguida. Recordó el caso de aquella enferma en el sanatorio de "La Merced". Habló con ella y notó los temblores de labios y de manos, el abrir y cerrar los ojos... Comprendió que Carmen estaba enferma otra vez.

Por interés profesional la hizo ir a su casa. La hipnotizó con deseo de curarla y... Entonces Pablo supo lo que ella estaba haciendo, lo que intentaba con una serie de crímenes, lo que ocurría con el pobre Serafín... Entonces fue cuando Pablo pensó que aquello podía ser el medio para conseguir lo único que había deseado toda su vida: El *"Sanatorio del doctor Ruiz — Clínica Psiquiátrica"*.

—Porque tú también estás loco, Pablo. Con una idea fija. Siempre con tu idea fija, solo, guardando dinero. Y en aquel momento pensaste que cualquier camino podía ser bueno para conseguir tu deseo, aunque fuera el camino del crimen —le digo.

— ¡Crimen...! —casi grita—. ¡El crimen es que un psiquiatra como yo no tenga dónde probar sus conocimientos y su gran inteligencia! ¡Crímenes...! ¡Asesinatos...! ¡Bah! ¡Qué importan unos cuantos muertos...! Hombres que no eran útiles, que de nada servían...

Creo que, como Carmen, tampoco tú entiendes qué es el bien y qué es el mal...

Ahora ya sabemos que Pablo tomó en un *magnetófono* la voz de Carmen, cuando ella, hipnotizada, contó lo que hacía y esperaba conseguir. Luego Pablo dijo a Carmen que con aquello podría ponerla en manos de la policía o llevarla otra vez al sanatorio donde ya estuvo. Y también le dijo que él callaría si hacía ella todo lo que le mandara él.

Así pudo robar el dinero en los casos 8 y 10. Así pudo saber lo necesario para los otros crímenes. Así pasó a Pablo el dinero que daba Serafín a Carmen. Así esperaba Pablo llegar a tener, cuando matase a Serafín, el dinero necesario para construir su "Clínica Psiquiátrica", su idea fija, la ilusión de su vida, lo que para él valía más que "unos cuantos hombres muertos".

—¿Cómo lo supiste, Marcos? —me pregunta Pablo, ahora tranquilo.

—Paso a paso. Hablando con todos y sacando consecuencias. Construyendo paso a paso un cuadro que me permitió escribir esos dos papeles. La lista de los hechos me daba la necesidad de un cómplice. Luego escribí cómo debía ser el cómplice. Un dibujo con palabras.

—Pero, ¿cómo supiste que era yo?

—Por tres equivocaciones tuyas. Una es que me hablaste siempre como si no conocieras a la mujer de Serafín. Necesitabas que nadie viera relación entre Carmen y tú. Pero yo llegué a saber que viste a Carmen durante aquella reunión en la cafetería después de muerto Raúl.

—Sí —suspira Pablo—. Fue una sorpresa para mí. Víctor me había dicho por teléfono...

—Esa es la otra equivocación. Víctor no habló contigo por teléfono. Sólo con tu secretaria, para que te dijera dónde debías ir a hablar con él. No pudo Víctor pedirte que no supiera Serafín que su hijo había muerto asesinado. Y, tercera equivocación, en aquella reunión de la cafetería nadie podía saber aún con qué cuchillo habían matado a Raúl. Tú sí lo sabías, porque tú eras el asesino.

Pablo baja la cabeza. Yo tengo ya poco que decir.

—Con esto y los informes que tenía sobre mi mesa, ya podía yo saber que en la lista de hechos faltaba uno entre el 7 y el 8. Entre un asesinato y un robo. Tú, sin pensarlo, me lo dijiste. Tu casa no ha sido pintada desde hace unos cuatro años. Eso es lo que falta entre el 7 y el 8. Fuiste a pedir precios a la empresa de ventas. Allí encontraste a Carmen. Esto está de acuerdo con lo que ha confesado ella.

—Buen policía, Marcos —sonríe Pablo—. No pensé que serías más inteligente que yo. Claro..., en tu profesión. Yo, en la mía, soy el mejor. ¿Y qué has conseguido? Que se pierda un gran sanatorio, el 'Sanatorio del doctor Ruiz'', a cambio de tener dos criminales... ¡Bah!

—Tres criminales —digo—. Víctor también lo es, aunque no puedo acusarle. Y aún pienso que sólo él es el culpable. Carmen... está loca. Y tú... No sé, Pablo, pero quizá también te salves, si tu abogado te defiende como un caso de locura.

—Todavía no comprendo cómo has podido saber tantas cosas.

—Ya te lo he dicho. Paso a paso. Voy a escribir esta historia desde que me llamaste por teléfono hace tres días. Cuando la leas, verás que cualquier persona, si aprovecha bien todos los datos, puede llegar a conseguir las mismas consecuencias que yo. Además, recuérdalo, soy un profesional cuidadoso.

Me quedo solo en mi despacho. Suspiro y cierro los ojos. Hay cosas que todavía no sé. Por ejemplo, no sé si las dos muertes por enfermedad de corazón, los hechos 10 y 13, fueron naturales o asesinatos. Pudieron ser cuestión de suerte, pudieron ser fácilmente crímenes de Pablo. Ya lo estudiaré. Ahora estoy cansado.

Pienso en Serafín. Su pena será grande cuando sepa la verdad. Pero su espíritu religioso le ayudará. Y, además, se quitará un sufrimiento: La idea de que produce desgracias a quienes le conocen. Quizá esto le haga ser un hombre nuevo en los años que aún haya de vivir.

Laura y Julio... Ellos son jóvenes y cuentan con el amor.

Necesito dormir. Me voy a casa. No usaré el coche. Iré andando. Paso a paso. El mejor modo de llegar, seguro y sin equivocarme, a cualquier sitio.

NOTAS PARA EXPLICAR LAS PALABRAS
Y EXPRESIONES QUE NO ESTAN EN LA LISTA
DE "EL ESPAÑOL FUNDAMENTAL", 1.er GRADO

E. Jarnés Bergua

Accidente: Hecho no esperado. Suele usarse con carácter de desgracia.

Acusar: Declarar que una persona ha hecho algo malo.

Adiós: Palabra usada al final de una entrevista de dos o más personas, al terminar de hablar.

Adorno: Lo que sirve para dar aspecto más agradable a una persona, habitación, etc.

Agradecer: Sentir, o decir con palabras que se está contento por algún beneficio recibido.

Aparcamiento: Lugar donde se dejan los coches. Lugar destinado para coches.

Arder: Sufrir algo la acción del fuego.

Artista: Persona que tiene algún arte como profesión.

Asesinar: Matar a personas, con deseo de hacerlo.— *Asesino* es el que asesina.

Avería: Que no funciona un motor o una máquina, porque se ha estropeado.

Botón: Punto donde se toca para poner en marcha o parar un motor o máquina. También es lo que sirve para unir y cerrar una ropa de vestir o una tela.

Certificar: Declarar, de palabra o por escrito, con carácter oficial, que es verdad algo que se ha dicho.

Cigarrillo: Papelito que tiene dentro alguna hierba para fumar.

Comisario: Policía jefe de una zona.

130

Cómplice: Persona que ayuda a quien hace algo no permitido.

Contestar: Decir lo que conviene a lo que ha sido preguntado.

Crimen: Hecho no permitido, de mala condición.— *Criminal* es quien hizo el crimen.

Culpable: El que hizo algo que puede considerarse crimen.— *Culpa* es lo que ha hecho el culpable.

Curvo: Lo que no es recto.— *Curva* es el cambio de dirección en un camino o carretera.

Dato: Punto necesario para llegar a conocer completamente algo.

Defunción: Muerte de una persona, por causa natural.

Descansillo: División entre las partes de una escalera, para descansar cuando se sube, y donde suelen estar las puertas de los pisos.

Despedir-se: Terminar un diálogo o una entrevista, con palabras de costumbre.— Véase *adiós.*

Doctor: Palabra que se usa para un médico o para quien tiene estudios superiores a licenciado en una carrera universitaria.

Enamorado: Hombre que siente amor por una mujer.

Equivocar-se: Tener o tomar una cosa por otra.— Creer algo que no es la verdad.

Espíritu: La parte no material de una persona.

Favor: Lo que se hace en beneficio de otro, sin pedir pago por ello.— *Por favor* se dice cuando se pide algo sin exigirlo.

Fecha: Momento en que ocurre algún hecho.

Feliz: Persona que se siente muy bien en el aspecto del *espíritu*.— Véase *espíritu*.

Freno: Parte de un motor o máquina, que sirve para parar su marcha.

Gas: Cuerpo que es como el aire. El gas que sirve para calefacción o para la cocina puede causar la muerte si se respira.

Herir Cortar o romper alguna parte del cuerpo.

Heredar: Recibir lo que era de una persona que ha muerto.— *Heredero* es el que hereda.

Hipnotizar: Hacer que una persona se duerma y quede bajo las decisiones de quien la ha dormido.

Hueco: Lugar libre de material, dentro de un cuerpo.

Informe: Noticia o noticias que se dan sobre un hecho, cosa o persona.

Ilusión: Deseo que está en la mente.

Inteligente: Que tiene facilidad para pensar y comprender.

Intervenir: Tomar parte en lo que otros están haciendo.

Joya: Cosa de mucho valor, hecha con piedras u otros materiales preciosos.

Lector: El que lee.

Lista: Serie de palabras, nombres o datos (véase *dato*), puestas en el orden que conviene a su uso.

Loco: Persona que sufre una enfermedad de la mente.

Locura: Enfermedad de la mente.

Magnetófono: Aparato que sirve para tomar y conservar y luego permitir que se oigan otra vez, diálogos o ruidos.

Meditar: Pensar sobre algo para conseguir consecuencias y nuevas ideas.

Miembro del Consejo de Administración: Persona que forma parte del gobierno de una empresa.— *Consejo de Administración* es el grupo de personas que gobiernan una empresa.

Nervio: Lo que en un cuerpo de hombre o animal sirve para recibir o recoger lo que puede sentirse.— *Nervioso* es quien no está bien de los nervios, quien no está tranquilo.

Oro: Material precioso, de mucho valor, que sirve para hacer *joyas* (véase *joya*), y que antes se usaba como dinero.

Perdonar: No considerar el mal que alguien nos ha hecho.— No hacer que pague quien ha hecho un mal.

Portero: El que guarda la puerta de una casa.

Presidente: El más importante de los que forman el gobierno de una empresa o país.

Psiquiatra: El médico de enfermedades de la mente.— *Psiquiatría,* la ciencia que estudian estos médicos.

Reformatorio: Lugar donde se lleva a los que han hecho algo malo, y son demasiado jóvenes.

Robar: Tomar lo que es de otro, sin que el dueño lo permita.

Sirviente: El que hace trabajos para otro, o para una familia, en la casa.

Sonreír: Reír sin ruido.

Sorprender-se: Hacer algo que el otro no espera.— Sentir la acción de algo que ocurre sin esperarlo.

Sospechar: Suponer algo en una persona, o tener miedo de que esté ocurriendo algo.

Suspirar: Respirar con pena o deseo.

Temblar: Moverse algo, rápido y muchas veces seguidas.

Temer: Tener miedo de que ocurra un hecho.

Testigo: Persona que sabe algo sobre un hecho, o que estaba donde ocurrió.

Tonto: Persona con muy poca o ninguna facilidad para comprender las cosas.

Tragedia: Hecho terrible.

Urgente: Lo que se ha de hacer sin perder tiempo.